문화사목의 이해와 실제

본당사목,
문화를 입다

본당사목, 문화를 입다
문화사목의 이해와 실제

교회인가 • 2017년 2월 6일
초판 • 2017년 2월 15일

지은이 • 김민수

펴낸이 • 홍석근
편집 • 유정원, 김관호, 윤정인
디자인 • 권경은

펴낸곳 • 도서출판 평사리 Common Life Books
출판신고 • 제313-2004-172 (2004년 7월 1일)
주소 • 서울시 마포구 월드컵로 74(서교동, 원천빌딩) 6층
전화 • 02-706-1970
팩스 • 02-706-1971
전자우편 • commonlifebooks@gmail.com
김민수 ⓒ 2017

ISBN 979-11-6023-208-0 (04230)

본당사목,
문화를 입다

김민수 지음

평사리

차례

저는 커뮤니케이션을 전공한 신부로서 가톨릭평화방송 현장에서 교회언론의 역할과 기능을 익히고 체험하며 이 시대 교회의 사명인 새로운 복음화를 위해 커뮤니케이션과 문화가 얼마나 중요한 지 절실히 깨닫게 되었습니다. 그 후 여러 본당 주임사제로 재직하면서 사목 현장에서 문화사목의 이론과 실제를 정립하기 위해 연구하고 개발해왔습니다. 문화 시대의 새로운 복음화가 곧 문화의 복음화라고 주창하며, 이를 구현하기 위한 새로운 실천사목으로 문화사목을 제시하였습니다. 본당 현장에서 오랜 시간 다양한 형태의 문화사목을 여러 분야의 교회활동에 적용하고 시도하는 가운데 본당사목에 적합한 형식과 내용을 갖추게 되었습니다.

본당사목에 문화적인 접근을 실행하는 과정에서 필연적으로 나온 문화사목은 급변하는 시대의 당연한 요청이며 새로운 사목에 대한 목마름의 결과입니다. 특히, 프란치스코 교황의 권고인 「복음의 기쁨」(2014)에 나오는 다음 대목이 문화사목에 매진하는 저에게 힘과 용기를 줍니다.

본당 사목구는 시대에 뒤떨어진 조직이 아닙니다. 오히려 매우 유연하기 때문에 사목자와 공동체의 개방성과 선교적 창의력에 따라 매우 다양한 형태를 지닐 수 있습니다(28항).

　이처럼 문화사목은 시대 변화, 유연성, 개방성, 창의력, 친교, 참여 등의 새로운 상황에 적합한 사목이며, 자기쇄신과 적응력을 보여주어 본당 사목구를 살아있는 공동체로 거듭나게 하는 대안 사목입니다. 그러나 아직도 문화사목이라는 용어조차 생소하게 여겨지는 상황이기에, 마치 광야에서 외로이 외치는 예언자인양 자신을 치켜세우기도 합니다. 그래도 사람들이 요르단 강으로 찾아와 세례를 받았듯이, 시대의 징표를 읽는 이들은 문화의 세례를 받으며 새로운 사목인 문화사목을 실천하는 가운데 복음의 기쁨을 나누는 사도가 됩니다.

　저는 본당에서 문화사목을 실천하면서 신자들이 더 성숙해지고 본당 공동체는 더 활성화되고 있음을 몸소 체험합니다. 신자 개개인과 단체, 구역과 반 모두가 본당에서 실시하는 다양한 문화 프로그램에 적극 참여하여 새로운 지식과 지혜를 얻고, 신앙과 영성이 자라나 풍성해지며, 지역사회와 자연스레 소통하는 본당으로 점차 자리 잡아왔습니다. 처음에 뿌린 문화사목의 씨가 시간이 지나면서 30배, 60배, 100배의 결실을 거두는 것을 보며 마음속에 보람과 행복의 물결이 출렁입니다.

이제 본당에 적용해온 문화사목의 유의미한 수확의 결실을 모든 분들과 나누고 싶습니다. 어떤 분이든 살짝 맛만 보셔도 즉시 손 내밀고 싶어 할 것입니다. "건강에 좋다."는 말 한 마디에 이 음식 저 음식 선택해서 먹듯이, 문화사목이 본당 신자들의 욕구에 부합되고 본당 공동체를 활성화시킬 수 있으며, 지역사회에 빛과 소금 역할을 하도록 이끌고 있음을 확신한다면 사목 패러다임의 전환이 쉽게 이루어질 것입니다.

새로운 시대의 새로운 복음화는 '새로운 열정, 새로운 방법, 새로운 표현'이라는 세 가지 특징을 가지고 있습니다. 문화 시대의 문화사목은 이 특징들을 그대로 살려서 새로운 복음화의 기치를 내걸 것입니다.

이 책은 문화사목을 본당 공동체에 쉽게 접목할 수 있도록 세심하게 배려하여 정리하였습니다. 다양한 문화사목 중 새로운 사목으로 떠올라 주목받는 것들만 모았습니다. 각 장마다 취지, 목적, 개념 이해, 종류와 방법, 효과 순으로 풀었습니다. 또 각 문화사목을 실천하도록 도와줄 관련 사진과 자료, 실천방법도 실었습니다.

1장은 문화사목의 전반적인 이해와 실천을 주제로 문화사목의 필요성과 이해, 종류와 방법론, 여러 제안을 제시합니다. 이어진 장들은 여러 문화사목을 소개합니다.

2장은 독서사목을 다룹니다. 전반부는 독서사목의 이론을, 후반부는 독서사목의 실천을 설명하였습니다.

3장은 칭찬사목을 소개합니다. 이 사목은 '문화에 대한 사목'에 속합니다. 남을 비난하고 험담하기보다 칭찬과 격려라는 언어사용 문화를 지향할 때 서로 사랑하게 될 것입니다.

4장의 성지순례사목은 순례의 진정한 의미와 방법을 알려주고, 특히 전국 국내성지 111곳을 완주하고 2기로 이어지는 '우하하 성지 순례단'을 소개합니다.

5장은 본당단체박람회를 소개합니다. 본당에 소속된 여러 단체의 부스를 마련하여 박람회를 개최할 때, 신자들이 쉽게 각 단체에 대해 이해하고 가입하면서 본당 활성화에 큰 기여를 할 수 있습니다.

6장은 오늘날 디지털 시대를 맞은 교회가 디지털 문화를 적극 수용하여 교회와 신자 간, 신자들 간, 교회와 지역사회 간의 소통과 친교를 촉진하도록 제안합니다. 특히, 디지털 문화의 그림자라 할 여러 형태의 디지털 중독이 낳은 죽음의 문화를 생명의 문화로 바꾸는 노력의 중요성을 지적합니다.

7장은 환경문화사목의 필요성을 역설합니다. 환경오염과 생태계 파괴 및 가난한 이들의 차별과 배제의 주요 원인을 소비문화로 진단하며, 각 개인이 소비행태를 자각하고 새로운 대안 소비를 제시하는 '문화에 대한 사목'을 다룹니다.

8장은 영상미디어사목을 다룹니다. 영상과 이미지 시대에 전체 교회활동 분야에서 영상미디어라는 새로운 언어를 가지고 어떻게 적절히 소통할지 여러 사례를 통해 보여줍니다.

9장에서는 오늘날 교회가 실천해야 하는 적절한 사회봉사, 사회복지 방식 중 하나로 재능나눔사목을 소개하고, 특히 '재능나눔은행'이 매우 신선하고 유용한 방식임을 강조합니다.

10장은 영적 독서 피정을 제안하면서, 신앙서적이나 신심서적을 통해 가톨릭의 전통적인 피정을 더욱 풍요롭게 할 수 있는 방법을 알려줍니다.

11장은 청년해외봉사활동을 살펴봅니다. 지구촌에 몸담은 모든 이가 이웃임을 인식할 때, 해외의 어려운 이웃에게까지 봉사활동이 이어질 수 있습니다. 특히 헬조선을 체험하는 청년들에게 해외봉사활동은 인생의 지평을 넓혀주고, 새로운 가능성을 열어주며, 신앙인으로서 어떻게 살아야 할지 깨우쳐준다는 사실을 실제 사례들로 제시합니다.

12장에서는 지금까지 살펴본 본당 문화사목 외에 다른 여러 문화 프로그램을 소개하고 있습니다. 성경학교, 영신수련학교, 사순 수첩, 영 시니어 아카데미, 견진교리교육, 그리고 불광문화제 각각에 대한 목적, 독특한 프로그램과 효과를 간결하게 제시합니다.

여기에 소개한 여러 가지 문화사목은 새롭고 창의적인 사목 프로그램을 원하는 본당 사목자와 협력자, 사목위원과 단체장들에게 매우 필요한 소재를 전해줄 것입니다. 본당 전례, 교육, 봉사, 친교, 행사 등 교회활동 전반에 문화사목을 접목하여 실행한다면, 사목자와 평신도 모두가 행복한 신앙생활을 맛보고, 하나된 공동체로 거듭나는 본당을 체험할 것입니다.

이 책이 출판되기까지 수고해주신 분들을 기억하고자 합니다. 우선, 출판사 평사리의 홍석근 사장님에게 감사의 말씀을 전합니다.

너무 짧게 주어진 출판 기한에 맞추느라 고생이 많으셨으리라 생각합니다. 제 원고를 모두 읽고 꼼꼼히 교정해준 김 데레사 자매님께도 감사드립니다. 특별히 제가 펼쳐온 문화사목에 많은 호응과 격려를 아낌없이 보내주신 부주임 신부님과 보좌 신부님, 수녀님들, 총회장님들과 사목위원들, 그리고 모든 신자들께 마음을 다해 고마움을 표하고 싶습니다. 본당 신자 여러분의 관심과 협력이 없었다면 오늘의 이 기쁨을 맞이할 수 없었을 것입니다.

"이루 말할 수 없는 선물을 주시는 하느님께 감사드립니다."
(2 코린 9,15)

북한산 자락에서
서울대교구 불광동 성당 주임
김민수 신부

1장

문화사목의 이해

문화와 영성 시대의 교회는 사람들에게 감동과 울림을 줄 수 있는 새로운 사목이 필요하다. 교회는 문화의 옷을 입고 '문화의 복음화'라는 사명을 수행해야 한다. 오늘날 교회는 친교, 대화, 소통을 위한 문화적 접근을 통해 소외되고 억압받는 사회적 약자들의 상처를 치유하고 인간 생명의 존엄성을 회복시키는 생명의 문화를 지향하는 사목을 펼쳐야 한다. 이를 위해 사목자와 신자들이 협력하여 문화를 올바로 바라보고 활용할 때 지구촌의 미래는 훨씬 더 밝아질 것이다

지하철 입구 계단에 열 살 남짓한 소녀 시각 장애인이 구걸을 하고 있었다. 소녀 옆에는 이런 글귀가 있었다. "전 태어나면서 장님입니다." 오가는 사람들은 많았지만 소녀를 동정하는 사람은 드물었다. 소녀가 웅크린 채 빵을 먹고 있을 때 한 남자가 다가와 글을 바꿔놓았다. "전 봄이 와도 아름다운 꽃을 볼 수 없습니다." 그러자 소녀에게 돈을 주는 사람이 많아졌다. 사람들에게 감동을 주기 위해서는 패러다임의 전환이 필요하다는 하나의 사례다.

문화와 영성 시대에 교회가 복음을 효과적으로 선포하기 위해서는 사람들에게 감동과 울림을 줄 수 있는 새로운 사목 패러다임이 필요하다. 새 시대에 맞는 새로운 사목이 바로 '문화사목'이다. 사목을 문화적으로 접근하는 문화사목이 이미 교회 안에 출현하여 정착·확산되고 있고, 여러 분야에서 예상외의 효과를 거두고 있다. 이제는 교회가 문화의 옷을 입고 '문화의 복음화'라는 사명을 수행해야 할 상황에 직면해 있다. 교회가 전통적으로 실천해온 사목은 유효기간이 지나 추동력이 쇠퇴하고 있는 반면, 문화사목은 시대 코드와 맞물리며 사목의 모든 분야에서 다양한 형태로 진화중이다.

"새 포도주는 새 부대에 담아야 한다."(마르 2,22)는 말씀대로 새 시대의 새로운 사목 패러다임인 문화사목을 수용하고 적용하는 일은 필연적인 요청이다. 문화사목이란 용어는 오래 전 교회 안에서 실천되어왔기 때문에 낯설지 않다. 그러나 아직도 정확한 개념을 인식하지 못한 실정이고, 사목현장에 적용하고 싶어도 구체적 실천방법을 잘 모르는 경우도 많다. 따라서 이를 제대로 실천하려면 기본적인 이해가 필요하다. 먼저 교회 안에서, 특히 본당공동체에서 문화사목이 왜 필요한지, 그 개념은 무엇이고 어떤 종류가 있는지, 또 사목적 효과는 어떠한지에 대한 전반적인 이해가 먼저 이루어져야 할 것이다.

문화사목이 왜 필요한가?

시대의 징표를 식별해야 하는 교회

제2차 바티칸공의회에서 공표한 「사목헌장」(1965)은 "모든 시대에 걸쳐 교회는 시대의 징표를 탐구하고 이를 복음의 빛으로 해석하여야 할 의무"(4항)가 있다고 강조한다. 이에 따라 한국 가톨릭교회는 21세기 한국사회가 겪고 있는 사회질서, 정신과 도덕, 종교의 변화를 제대로 읽고 해석하여 이 시대에 적절한 사목과 선교의 이론 및 실천을 정립하는 데 노력을 기울여야 한다.

급변하는 한국사회는 새로운 가능성과 더불어 미래의 불확실성에 맞닥뜨려 있다. 정보통신기술(ICT: Information and Communication Technology) 산업의 발전, 급속한 경제성장, 세계화된 한류문화 등 발전과 성장의 잠재력을 지니고 있다. 반면 저출산과 고령화, 높은 이혼율과 자살률, 저성장과 낮은 취업률, 진보-보수 간 이념적 갈등, 이주민과 다문화가정 증가 등으로 심각한 사회 문제를 안고 있다. 이러한 사회문화적 변동은 가치관 및 생활방식의 변화와 궤를 같이 한다. 공동체 의식보다는 개인주의가 득세하고, 결혼하지 않고 홀로 사는 비혼(非婚)족이 늘어나며, 삶의 질과 건강 및 환경을 중시하고, 디지털과 정보통신기술 발전으로 온라인 커뮤니케이션과 가상현실 체험에서 커다란 영향을 받고 있다. 또 각종 스트레스와 피로로 인한 우울증과 자살이 사회화되고, 부정부패의 만연과 성폭력 및 윤리·도덕적 타락이 심화되고 있다.

도전과 위기를 표출하는 끊임없는 사회 현상은 교회 사명인 복음화와 밀접한 관계가 있다. 교회의 사목과 선교는 세상에서 벌어지는 사건이나 상황과 결코 무관하지 않다. 시대의 징표를 식별하고 해석하는 작업은 바로 사목 계획의 일부다. 예전에 교황청 사회커뮤니케이션 위원회의 의장이었던 존 폴리 추기경은, 커뮤니케이션을 위한 첫 번째 사목 계획은 '창조', 두 번째는 '계시', 세 번째는 '육화'. 네 번째는 '복음화'와 관련된다고 천명한 바 있다.[1] 우리가 사는 현 시대는 '복음화'로 이어지는 사목 계획을 수립해야 할 때다. 최근 강조되는 '새로운 시대 새로운 복음화'라는 사목계획은 '문화의 시대 문화의 복음화'로 구체화되고 있으며, 이를 위한 실제 사목전략으로 문화사목이 부상하고 있다. 따라서 급변하는 한국사회, 교회 제도와 신앙생활의 변화, 교회의 대응 방안으로써 문화사목의 필요성을 깊이 인식하기 위해서, 대표적인 시대 징표와 이에 따른 교회 현실을 살펴보겠다.

1인 세대 증가와 개인중시 사회

우리 사회는 2016년 9월 기준으로 1인 세대 수가 약 739만 세대다. 이는 전체 2,121만 세대의 34.8%로, 가구 형태 1위를 차지한다. 이렇게 1인 가구가 늘어나는 것은 젊은 연령층에서는 결혼을 미루며 독립해 혼자 사는 가구가 늘고, 노인들 중에 자녀와 동거하지 않고 혼자 사는 가구가 늘고 있기 때문이다.[2] 1인 세대 증가라는 새로운 사회 현상은 새로운 문화의 출현을 동반한다. 혼자서 삶을 영위하거나 즐기는 '나홀로족'이 증가한다. 혼자 밥을 먹는 '혼밥족'이 등장하면서 1인용 식당, 1인용 컵과일, 다양화된 편의점 도시락이 인기를 끈다. TV 프로그램도 나홀로족을 대상으로 방영되고, 주택건설정책도 소형주택을 늘리는 방향으로 변하고 있다. 이 전반적인 나홀로족 현상은 일종의 '탈현대화' 경향이며, 집단보다 개인을 중시하는 사회로 변하고 있음을 보여준다. 따라서 앞으로는 전문화되고 개성 넘치는 개인주의 사회가 지속되어 성 해방이나 이혼과 독신에 익숙해질 것이고, 획일적이고 일방적인 강요보다는 '소속 없는 개인'들의 생활방식이 대세가 될 것이라 예상된다.[3]

개인주의 문화와 함께 하는 사목

전통적인 신앙생활은 집단의식에 따라 이루어져 왔다. 성사, 교리, 단체 활동 등 모든 교회활동이 성직자 중심의 위계 구조 속에서 진행되었고, 신자들은 복종과 순명 정신으로 수동적인 신앙생활을 하였다. 그러나 21세기 소비문화에 익숙해져 있는 신자들은 자신의 취향이나 취미 혹은 관심에 따라 선택하는 개별적인 신앙생활을 하고, 성직자와 평신도가 수평적이고 동등한 관계를 맺는 사고방식과 행동양식을 지향한다. 이 현상은 지배적이었던 집단 문화코드가 개인적 취향, 취미, 기호, 인생관, 가치관에 의해 구성되고 동의를 얻은 개인 문화코드로 바뀌었기 때문이다.[4] 이제 교회는 신자들 각 개인의 문화행위를 중시하고, 각자 다양한 체험코드에 따라 신앙생활을 하고 있음을 인식해야 한다.

선택 문화가 주도하는 오늘날, 교회는 기존사목에 대한 반성적 성찰이 필요하다. 기존사목은 대체로 일방적이고 획일적이며 위계질서를 강조하는 수직문화에 익숙하다. 소공동체 사목은 반-구역이라는 특정 지역을 중심으로 한 다양한 공동체 구성원의 모임이다. 그러나 나이, 시간, 직업, 취향, 관심 등에 따른 선택의 여지가 없다. 이동성을 특징으로 한 현대 사회의 소공동체 사목은 개인 문화코드에 맞게 다양성을 고려해야 한다. 최근에 본당에서 독서, 음악, 미술, 스포츠 등 개인의 취미와 취향에 따른 다채로운 동호회가 새로운 소공동체 운동으로 각광을 받고 있는 상황은 이를 반증한다.

종교의 탈규제화 현상에 대한 대안사목

종교의 사사화를 대변하는 현상 중 하나는 '종교의 탈규제화'(Deregulation of Religion)다. 이 현상은 종교 독점이 저물어가고 있음을 뜻한다. 종교적 믿음과 실천은 여전히 강하다고 해도, 사회와 신앙인에게 영향을 미쳐온 종교적 권위와 제도의 힘은 줄고 있다.[5] 종교의 탈규제화는 개인의 선택을 중시하는 소비문화의 강한 영향을 받은 결과다. 가톨릭 신자 상당수는 가톨릭교회 안에 소속되고 싶어 한다. 그러나 낙태나 안락사 등 죽음의 문화에 대한 교회의 가르침에 대해서는 전적으로 따르기보다 각자 나름대로 선택하려 한다. 이런 종교의 탈규제화 현상이 최근 들어 증가하는 추세다.

단적인 예로, 2016년 미국 대선 과정에서 멕시코 이민자들에게 장벽을 세우자는 트럼프 후보에 대해 프란치스코 교황은, 그는 진정한 그리스도인이 아니라고 비판했고 저명한 미국 복음주의 지도자들도 트럼프를 반대했다. 그러나 백인 가톨릭 신자와 개신교 복음주의자들은 트럼프를 지지함으로써 대통령에 당선시켰다. 하나의 가톨릭이지만, 서로 다르게 움직이는 하위 집단들이 차이를 보인 것이다. 한국 가톨릭교회 안에도 진보와 보수로 정치적 성향이 갈라져 있는 분위기여서, '사회교리'조차 좌파적 시선으로 바라보고 거부하는 경향이 있다.

탈규제화와 맞물리는 탈제도화 경향도 있다. 이 경향은 제도종교에 속함 없이 개인적 신앙생활을 선호하고, 영적이지만 종교적이지 않은 특성을 지닌다. 종교사회학자인 우스노우(Robert Wuthnow)는 현대사회를 'DIY 종교시대'로 본다. 현대인은 기존의 전통적인 종교 교리를 그대로 받아들이기보다, 자신의 입장에서 취사선택하여 자기만의 종교를 만든다는 것이다. '멀티신자' 현상이 한 예다.

> 멀티신자란 특정한 종교에 귀의하지 않고 다양한 종교 의례에 존경심을 표하는 사람을 말한다. 가령 개신교 교회도 다니면서 천주교 성당도 다니고 불교의 템플스테이도 참여하며, 별신굿이 열린다고 하면 거기도 다녀오는, 그런 종교성을 가진 사람이다. 그런데 중요한 것은, 그런 자신을 스스로 종교인이라고 생각한다는 점이다. 바로 이런 사람을 가리켜 나는 '멀티신자'라고 불렀다.[7]

멀티신자의 출현은 종교에 대한 소속감과 신앙공동체의 쇠퇴, 종교 교의에 따른 규칙-규범-신념의 약화를 가져온다. 예를 들어, 어떤 가톨릭 신자는 성당에서 열심히 성체조배를 하면서도 요가에 심취해 있다. 게다가 틈만 나면 자연을 벗 삼아 마음치유 프로그램에도 자주 참여한다. 이러한 종교의 탈제도화 현상이 점차 늘어가고 있다.

이제 교회는 종교의 탈규제화와 탈제도화에 대한 대안을 마련할 때다. 기존 사목계획과 실천에는 한계가 있다. 이러한 한계를 보완하고 사회문화적인 사목정책을 펼쳐야 한다. 첫째, 교회 안에 다양한 공동체 문화를 마련하여 신자들이 선택할 수 있도록 한다. 공동체 문화는 인간관계를 친밀하게 하고 사람들 간의 신뢰를 심어줄 '사회자본'[8]을 형성하게끔 작용한다. 따라서 교회는 신뢰와 사회적 네트워크를 활성화시킬 공동체 운동을 본당공동체 안에 자리 잡게 하고, 지역사회와 협력하여 다채롭게 펼쳐야 한다. 예를 들어, 본당에서 작은도서관을 운영하거나 마을공동체에 참여하는 방법이 있다.

둘째, 2016년 자비의 희년을 마감하며 프란치스코 교황은 모든 가톨릭 사제에게 낙태 여성의 죄를 특별 사면하는 권한을 영구적으로 연장하였다. 이처럼 가톨릭의 원칙은 바꾸지 않으면서 사람들을 포용하는 교회정책이 필요하다. 이로써 가톨릭교회는 사랑과 자비에 기초한 치유와 위로의 종교라는 긍정적 이미지를 확산시킬 수 있다. 주일미사 중에 '임산부와 태아를 위한 축복식'을 거행하고, 장기기증 운동, 사별가족모임 같은 새로운 실천이 이루어지고 있다.

셋째, 신자들조차 교회나 성당 같은 특정 성지에서 초월성을 경험하는 '거주의 영성(spirituality of dwelling)'보다는 각자 새로운 영적 수단과 거룩한 순간을 찾는 '추구의 영성(spirituality of seeking)'을 지향하는 성향을 보인다.[9] 이처럼 종교적 경험이 개인적 선호 문제로 대체되는 것에 대응할 대안 사목이 필요하다. 대표적인 것이 바로 '성지순례사목'이다. 집을 떠나 여행하며 공생활을 펼치신 예수님처럼, 요즘 들어 성지를 찾는 순례자가 많이 늘고 있다.

도시문화에 대한 사목

우리나라 사람 중 92%는 도시에 살고 있다. 현재 남아 있는 농촌과 시골도 끝없는 주택건설과 도로 신설로 급속히 도시화되고 있다. 도시에서 정치, 경제, 문화, 예술 등이 발전하고, 삶의 질과 안정, 풍요와 발전 가능성 때문에 많은 사람이 몰려든다. 도시 사목은 다양한 부류의 사람들과 많은 집들, 거리와 광장에 현존하시는 하느님을 식별할 수 있는 신앙의 눈을 필요로 하고, 연대와 형제애, 선과 진리와

정의를 향한 열망이 하느님 현존의 표시임을 인식해야 한다.[10]

프란치스코 교황은 시공간과 사람 사이에서 형성되는 도시문화 속에 복음이 선포되어야 함을 강조한다. 도시문화는 늘 다른 언어와 상징, 다양한 메시지와 패러다임을 형성하는 새로운 문화를 창출한다. 따라서 새로운 복음화를 위한 좋은 자리로 고려한다면 기도와 친교를 위한 공간과 기회로 볼 수 있다.[11] 또한 다양한 문화적 형태들이 공존하면서 자주 분열과 갈등을 낳기 때문에, 교회는 그들 사이의 대화 촉진자가 되는 동시에 상처입고 고통 받는 사람들의 참된 이웃이 되어 인간 생명의 존엄성을 회복시키는 역할을 해야 한다.[12]

궁극적으로, 교회는 도시에서 새롭게 출현하는 문화들을 통한 사목과 선교를 수행하는 도시 문화의 복음화 사명을 분명히 인식할 필요가 있다. 그리하여 친교, 대화, 소통을 가능케 하는 문화적 접근 방식을 찾아 실천하고, 소외되고 억압받는 사회적 약자들의 상처를 치유하며 인간 생명의 존엄성을 회복시키는 생명의 문화를 지향하는 사목을 펼쳐야 한다.

현대적인 신앙 언어로 번역하는 사목

• 전통적 신앙언어를 현대적 신앙언어로

커뮤니케이션 미디어의 변화는 교회 구조, 신학, 교육, 전례 등 교회의 기본적인 소통방식을 변화시켜왔다. 문자와 인쇄라는 '읽는 문화'(Reading culture)로부터 영상과 멀티미디어라는 '보는 문화'(Seeing culture)로의 전환은, 사람들의 지적인 면만 만족시켜 주는 직선적이고 일방적인 전달뿐 아니라, 감성과 의지에까지 호소하는 전인적인 면을 고려해야 함을 의미한다. 이로써, 교회 안팎의 소통은 수직적-권위적 '전달모델'(The transmission model)에서 수평적-탈권위적-쌍방향적인 '의례모델'(The ritual model)로 변화되어야 한다.[14]

현 교회는 문자와 인쇄문화에 의존한 전통적인 신앙언어와 상징에 머물러 있기 때문에, 영상과 멀티미디어라는 새 언어에 익숙한 청소년들은 교회와 소통하지 못하고 멀어져 간다. "19세기 교실에서 20세기 선생이 21세기 학생들을 가르친다."는 말은 오늘의 청소년 사목을 단적으로 드러낸다. 어느 청소년사목 전문가는 "스마트폰 세대 청년들에게 교회가 공중전화로 소통하려 한다."며 교회의 후진성을 지적한다. 기존 신자들 중에서 쉬는 교우가 점증하고, 주일미사를 포함한 성사 전반의 참여율도 떨어지고 있다. 강론을 재래적 성경 해석이나 비현실적이고 추상적인 언어로 일관하다보니 신자들은 감동을 받지 못하고, 일방적 전달 위주 교육방식은 관심을 저하시켜 참여율을 감소시키고 삶에 영향을 미치지도 못하고 있다.

교회는 성사생활, 교리교육, 친교와 봉사 등 직무 수행에 현대의 신앙 언어랄 수 있는 미디어를 다양하게 활용할 필요가 있다. 성미술, 성음악, 건축, 연극, 영상, 소셜 미디어와 SNS 같은 시청각 미디어를 적극 사용할 때, 교회 안팎으로 상호 소통이 활발해지고 사목적 효과도 크게 거둘 수 있을 것이다.

• 교회 이미지와 문화콘텐츠를 활용하는 사목[15]
이미지의 힘과 영향이 막강해진 문화 시대에는 종교도 이미지를 중시할 수밖에 없다. 가톨릭교회는 마더 데레사 성녀나 교황과 같은 인물을 통해 진리를 수호하는 참 봉사자의 모습을 전 세계인에게 보여주면서 매우 긍정적이고 우호적인 이미지를 쌓아왔다. 한국 가톨릭교회 이미지도 매우 긍정적이다. 특히 상장례 예식(연령회가 죽은 이를 위해 연도와 염 등 모든 장례절차를 희생과 봉사로 수행)은 비 신앙인에게 신앙을 갖게 만드는 가장 효과적인 선교의 사례이다. 또한 대중매체는 다큐멘터리나 영화를 통해 고 김수환 추기경이나 이태석 신부의 헌신적 삶을 수많은 사람들에게 전하여 가톨릭에 대한 좋은 이미지를 확산시킨 바 있다. 특히, 전 세계 사용자 수가 5억이 넘는 온라인 사진 및 비디오 공유 애플리케이션인 인스타그램(Instagram)의 사목적 활용은 디지털 문화시대에 가톨릭 이미지를 높이는 데 매우 유용할 것이다.

교회의 또 다른 현대적 신앙 언어는 문화콘텐츠를 통한 스토리텔링이다. 성경이나 가톨릭 인물을 다양한 문화콘텐츠로 만들어 스토리텔링을 시도한다면, 새로운 언어와 표현을 통한 새로운 사목이 될 수 있다. 예를 들어 와인을 팔 때, 와인이 지닌 효능이나 숙성 기간 등 객관적인 정보를 알려주는 것만으로는 부족하다. 여기에 와인을 재배하기까지 겪었던 농부 이야기나 와인에 얽힌 옛이야기와 신화를 접목하여 들려줄 때, 사람들 마음을 움직일 수 있다. 잘 만든 제품과 잘 만든 이야기를 합쳐야 잘 팔리는 시대다. 스토리텔링의 중요성을 알리는 사례라 하겠다.

문화콘텐츠 개념은 매우 넓어서 문학, 미술, 음악, 공연 같은 순수예술뿐 아니라 영화, TV 드라마, 대중음악, 게임, 애니메이션, 캐릭터,

공연, 전시, 축제, 여행, 모바일 같은 대중예술과 대중문화까지 포괄한다. 교회는 자체 문화 활성화 및 사회와의 소통을 위해 문화콘텐츠의 중요성을 인식해야 한다. 일례로 한국교회의 순교역사에는 보편적 가치들이 많이 담겨 있다. 순교이야기 하나하나가 가톨릭문화의 원형이다. 그 원형은 다양하게 변주하여 활용할 수 있다. 예를 들어, 최양업 신부의 어머니인 이성례 마리아 이야기는 감동과 눈물을 자아낸다. 이러한 순교이야기를 책, 연극, 뮤지컬 등의 문화콘텐츠로 담아낸다면, 일반 시민도 친근하게 여길 것이고 가톨릭 문화콘텐츠로 자리 잡게 될 것이다.

죽음의 문화를 생명의 문화로 전환하는 사목

한국 가톨릭교회는 한국 사회에 만연되어 있는 죽음의 문화인 낙태, 사형제도, 배아복제 같은 반생명적이고 비윤리적인 문제에 단호한 입장과 적극적인 저항을 보여 왔다. 하지만 대안 제시는 미약한 편이다. 생명의 문화를 만들어가는 과정에 또 다른 걸림돌은 교회가 선택적으로 죽음의 문화에 대처한다는 것이다. 생물학적 죽음 문화에는 적극 맞서지만 정신적 죽음을 초래하는 문화현상, 즉 매스미디어나 지배 이데올로기 등에는 소극적이거나 무관심한 태도를 보이고 있다. 그러나 죽음의 문화를 생명의 문화로 바꾸는 사목은 문화의 물질적-현상적 측면과 아울러 인식적-가치 지향적 측면을 동시에 고려해야 한다. 이런 면에서 문화사목은 '사회교리'나 '사회복음화'와 밀접히 연관된다. 교구, 수도회, 본당에 소속된 생명위원회나 환경위원회는 죽음의 문화를 생명과 사랑의 문화로 전환하는 사목에 더 힘써야 할 것이다.

문화사목의 개념

문화의 개념과 이해

문화란 무엇인가? 문화는 그것이 속한 담론의 맥락에 따라 매우 다양한 의미를 지녀서, 한 마디로 정의할 수 없다. 그러나 일반적으로 두 가지 차원으로 개념화된다. '좁은 의미의 문화'와 '넓은 의미의 문화'다. 좁은 의미의 문화는 더 발전된 것, 교양 있는 것, 세련된 것, 심미적인 것, 예술적인 것으로 정의되는 개념들을 포함한다. 반면, 넓은 의미의 문화는 사회구성원들이 공유하는 신념, 가치, 행동양식 등 총체적인 생활방식에 해당한다. 여기에는 전통문화, 청소년 문화, 그리스도교 문화, 대중문화 등이 있다.

교회는 오랫동안 좁은 의미의 문화에 속하는 성미술, 성음악, 교회건축, 신학, 철학 같은 고급문화나 정신문화를 선호해왔다. 따라서 대중(소비)문화를 퇴폐적이거나 저속한 것으로 폄하하여 방어하거나 소극적인 태도를 취하는 경향이 종종 있다. 예를 들어, 미사 강론시간에 주례사제가 스마트폰 중독 문제를 거론한다면 신자들 대부분은 왜 사제가 신앙과 무관한 내용을 다루는지 의아해할 것이다. 스마트폰 중독이 가정 공동체, 더 나아가 교회 공동체를 무너뜨리고 신앙생활을 위협하는 죽음의 문화임을 간과하기 때문이다. 대중(소비)문화는 우리 삶의 일부이며 신앙생활을 규정한다는 면에서 교회 공동체 및 구성원 모두와 밀접하게 연관된다.

문화 시대에는 코드, 기호, 상징, 브랜드, 이미지 등의 의미체계들이 끊임없이 변화하는 대중(소비)문화가 주류를 이룬다. 문화의 생성과 쇠퇴는 그 문화를 해석하고 실천하는 데 영향을 끼치는 헤게모니적 의미투쟁의 결과이며, 그에 따라 개인의 삶과 사회관계가 좌우된다. 교회 역시 이러한 문화 변동에서 막대한 영향을 받는다. 다시 말해, 교회는 "어떻게 살 것인가?"하는 생활방식에 대한 문제에 늘 복음적인 해답을 제시하도록 준비해야 한다. 신앙인들은 대중(소비)문화사회 안에서 신앙생활을 하기 때문에, 문화의 문제는 곧 신앙의 문제임을 인식해야 한다.

그러나 교회 현실을 볼 때 기존사목은 신자들의 생활방식인 문화

와는 거의 무관하게 운영되고 있다. 문화가 사람이 살아가는 매우 중요한 삶의 자리이자 삶 전체라고 본다면, 그 문화는 신앙을 키우고 꽃피워야 할 자리가 아닐까? 그럼에도 불구하고 문화와 신앙, 문화와 영성이 서로 밀접하게 연관되어 있다는 사실을 인식하지 못하여 '신앙 따로, 삶 따로'라는 이중적 태도를 보이는 게 교회 현실이자 가장 큰 문제다. 문화가 총체적인 삶의 방식이라면, 신앙의 자리는 바로 문화임을 깨달아야 할 것이다.

교황 바오로 6세는 "복음과 문화의 괴리는 틀림없이 우리 시대의 비극"(「현대의 복음선교」 1975, 20항)이기에, 선교는 지역과 시대와 사람에 따른 다양한 문화를 고려해야 한다고 밝히면서 '문화의 복음화'를 강조하였다. 교황 요한 바오로 2세는 더 나아가 "문화가 되지 못한 신앙은 완전히 수용되지 못하고 충분히 숙고되지 않았으며 성실히 실천되지 않은 신앙 때문"이라고 지적한 다음, '문화사목'을 제안하였다. 따라서 문화의 복음화는 '복음의 문화화'를 지향하고, 문화사목은 '신앙의 문화화'를 지향한다고 볼 수 있다.

문화사목의 정의

최근 교회는 시대적 변화에 따른 기존 사목의 한계를 극복하고자, 새로운 사목을 도입해왔다. 그것은 개인과 사회의 조화로운 구원을 지향하면서 평신도가 사목협력자로서 성직자와 수평적인 관계에서 사목에 참여하는 형태다. 이것은 교회 내 사안뿐 아니라 인권, 환경, 생명, 민족화해, 종교대화 등 교회 밖의 문제도 수용하고 있다.

이 새로운 사목 패러다임은 친교와 봉사의 교회관을 견지하며, 성직자와 평신도 간, 교회와 세상 간 쌍방향 소통이라는 수평적 커뮤니케이션에 기반을 둔다. 새로운 사목은 세상을 향하여 모든 분야, 사람, 시공간과 네트워크로 연결되기 때문에 '열린 사목'이자 '통합사목'이며, 문화시대를 위한 '문화사목(cultural pastoral)'이다.[16]

많은 사람들이 '문화사목'이라는 용어를 생소하게 생각한다. 노동사목, 빈민사목, 청소년사목과 같은 특수사목이나 전문사목 중 하나로 보는 이도 있다. 어떤 경우는 연극, 영화, 음악회 등을 활용하는 사목으로 알고 있다. 그러나 문화사목은 여러 종류의 사목 중 하나도 아니고, 단지 예술만을 활용하는 것도 아니다. "문화사목은 '문화의 복음화'를 신앙생활 속에서 구체적으로 실현하기 위한 실천이며 방법이다."[17] 다시 말해서, "신앙을 삶이라는 문화 속에 스며들도록 하기 위한 방식이다."[18] 문화의 복음화와 그 구체적 사목활동인 문화사목은 이제 선택이 아닌 필수 사항이다. 문화시대를 맞이한 교회는 복음과 문화, 신앙과 문화와의 밀접한 상호관계를 통해서만 복음화를 실천할 수 있기 때문이다.

문화사목의 실천

문화사목은 기존 사목과 함께 혹은 새로운 사목으로 실시할 수 있다. 기존 사목에 문화를 접목하여 사목적 효과를 높일 수 있고, 새 시대에 적합한 새로운 사목을 만들고 실천하여 새로운 교회문화로 정착시킬 수도 있다. 사목자와 협력자는 교회 공동체의 구체적

상황과 맥락에 따라 기존 사목과 문화사목을 동시에 혹은 선택적으로 시도하여 사목적 효과를 낼 수 있다. 예를 들어, 전례나 피정 또는 교육 등의 기존 사목에 영상, 음악, 이미지, 연극 같은 다양한 매체를 활용한다면 상당한 효과를 거둘 수 있다. 최근에 시작된 독서사목은 신자들의 신앙을 성숙시키고 열매 맺게 함으로써 새로운 교회문화를 형성한다.

문화사목은 문화에 접근하는 방식에 따라 크게 두 가지로 나타날 수 있다. '문화를 통한 사목(pastoral through culture)'과 '문화에 대한 사목(pastoral about culture)'이 그것이다. 첫째, '문화를 통한 사목'은 문화를 수단이나 도구로 활용하여 사목을 수행하는 방식이다. 다양한 매체를 사목에 접목하거나 연령대에 맞게 미디어를 활용하는 커뮤니케이션이 중요하다. 「교회의 선교사명」(1991)은 "교회가 미디어문화 시대에 형성된 새로운 문화에 새로운 언어로 새로운 기술로, 그리고 새로운 마음가짐으로 그리스도교적 메시지를 접합시킬 필요가 있다."(37항)고 말한다. 교회공동체는 미디어를 사용할 기자재를 갖추고 이를 다루는 기능과 창의적인 콘텐츠 계발을 위한 지속적 노력을 통해 '문화를 통한 사목'을 활성화시킬 수 있다.

'문화에 대한 사목'은 문화를 사목 대상으로 삼고, 우리 주변의 죽음의 문화를 생명과 사랑의 문화로 바꾸도록 노력하는 사목 활동이다. 낙태, 안락사, 사형제도뿐 아니라 '보이지 않는 테러'인 대중미디어 문화의 잘못된 가치관이나 허위의식을 비판할 수 있어야 한다. 우리 삶을 둘러싼 사회문화적 환경이 오염되고 부패될 때, 이를 비판하고 정화하려는 노력이 문화에 대한 사목 작업이다. 이에 대해

「현대의 복음선교」(1975)는 다음과 같이 말한다.

교회가 복음 선교를 한다는 것은 단순히 더 넓은 지역에서 또는 더 많은 사람들에게 선교하는 것만이 아니고, 하느님의 말씀과 구원 계획에 반대되는 인간의 판단 기준, 가치관, 관심의 초점, 사상의 동향, 사상의 원천, 생활양식 등에 복음의 힘으로 영향을 미쳐 그것들을 역전시키고 바로잡는 데 있다(19항).

성미술, 성음악, 연극, 공연 같은 문화예술을 활용한 복음의 문화화에 한정된 사목을 뛰어 넘어, 죽음의 문화를 식별하고 비판하며 대안을 제시하는 예언자적 역할이 요청된다. 이때 생명과 사랑의 문화를 지향하는 문화사목으로 나아갈 것이다.

교회가 이 두 가지 문화사목을 적절히 수행할 때, 올바른 교회문화가 생기고 토착화된다. 다시 말해서, 교회문화의 토착화는 기존 사목에 문화적 접근이나 새로운 문화를 접목시키는 과정일 뿐 아니라 문화를 통한 사목과 문화에 대한 사목을 실천하는 가운데 자연스레 이루어지는 결과다. 교회는 문화의 새로운 토착화를 염두에 두고, 창조적인 문화 생산자 역할을 해내야 한다. 특히, 신앙인 각자가 교회 문화의 생산자임을 인식해야 한다. 디지털 문화시대를 맞아 생산자와 소비자의 경계가 무너지고 '프로슈머(pro-sumer = 생산자(producer) + 소비자(consumer))' 현상이 일반화되고 있다. 따라서 신자들 역시 교회 문화의 생산자 역할을 할 수 있는 시대이다. 모든 그리스도인이 프로슈머로서 문화사목을 하려면 성직자의 권위적인 태도나 세속적이며 자본주의적인 사고방식에서 탈피하여, 동등하고 상호 소통하는 신뢰 관계가 필요하다. 이러한 문화사목의 실천 방식을 도식화하면 다음과 같다.

그림1. 문화사목의 실천방식: 기존사목과 새로운 사목

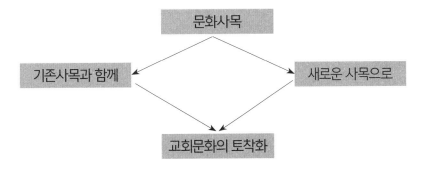

그림2. 문화사목의 실천방식: 문화를 통한 사목과 문화에 대한 사목

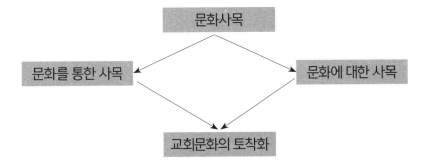

문화사목의 분류

여기서는 문화의 시대에 새로 등장한 문화사목 종류만 다룬다. '문화를 통한 사목'에는 미디어사목, 독서사목, 성지순례사목, 동호회사목, 언론사목 등이 있고, '문화에 대한 사목'에는 생명사목, 미디어사목, 칭찬사목, 환경사목, 인권사목, 언론사목 등이 있다.

문화를 통한 사목들

- 미디어사목 : 인쇄, 영상, 음악, 연극, 춤, 사진, 건축, 인터넷, 소셜미디어 등
- 독서사목 : 본당 추천도서, 가톨릭독서콘서트, 독서모임, 작은도서관, 북카페 등
- 성지순례사목 : 국내, 해외 성지순례
- 동호회사목: 각종 스포츠 동호회, 악기 동호회, 그림그리기, 민요반, 댄스반 등
- 문화공간사목: 문화센터, 다양한 지역공동체 활동 수용 공간

문화에 대한 사목들

- 생명사목: 생명교육, 자살방지캠페인, 장기기증캠페인, 사형폐지운동 등
- 미디어사목 : 인터넷과 스마트폰 중독 예방교육 및 치료, 미디어

교육 등

- 칭찬사목 : 칭찬 한 마디 캠페인, 칭찬쪽지, 칭찬 릴레이, 칭찬 교육 등
- 환경사목 : 환경교육, 소비자 운동, 환경지킴이 양성, 환경 캠페인 등
- 인권사목 : 인권교육과 운동 등

문화사목 충족을 위한 전제조건

이 시대에 필요한 문화사목이 갖춰야 할 전제조건은 무엇일까? 첫째, 사목자가 평신도의 눈높이에 맞추는 자기 조절이 필요하다. 평신도를 사목협력자로 인정하고 그들의 생각과 판단을 존중하며 동행할 때 문화사목이 가능하다. 둘째, 문화를 올바로 인식해야 한다. 예술문화와 전통문화에 국한시키지 않고, 일상에 큰 영향을 주는 역동적인 대중(소비)문화에 더 많은 사목적 관심을 가져야 한다. 셋째, 문화교육을 실행해야 한다. 문화교육은 교회문화, 대중문화에 대한 분별력과 활용법을 알려주기 때문이다. 넷째, 문화사목 프로그램을 다방면으로 개발해야 한다. 전례, 교육, 강론, 소공동체, 복지 등에 문화적으로 접근하고 새 시대에 유효적절하도록 고유한 문화사목 프로그램을 개발해야 한다. 다섯째, 가톨릭 문화센터를 설립해야 한다. 이 센터는 문화사목에 필요한 프로그램 연구와 개발, 자료수집, 문화교육을 위한 장이 될 것이다. 마지막으로, 문화사목을 더 활성화하려면 교회와 사회를 소통시키고 이어주는 시도, 구체적으로

는 본당공동체와 지역사회가 대화하고 친교를 나누며 지역주민을 위한 공동 정책을 마련하고 실천해야 한다. 이러한 문화사목은 교회가 세상의 빛과 소금 역할을 할 수 있도록 도울 것이다.

나오며

문화사목의 길은 가까이 있다. 우리가 손을 뻗으면 곧 맞닿는다. 이유는 문화가 우리 삶이기 때문이다. 신앙이 우리의 호흡이라면 문화도 그렇다. 둘은 직결되어 있다. 그러므로 우리의 신앙을 문화 속에 온전히 스며들게 하여 복음화를 꾀하는 것은 그리 어렵지 않다. 누구든 할 수 있다. 우리가 하느님의 커다란 옷자락 안에서 매일 눈을 뜨고 일상을 맞이하는 것처럼, 문화사목도 일상생활을 소중하게 받아들여 의미를 둔다면 얼마든지 새로운 복음화를 가져다줄 것이다. 섬세한 마음속 깊은 곳에 언제나 사랑으로 현존하시는 하느님처럼, 문화사목도 우리에게 생명으로 와 닿는 모든 순간과 이어져 있다고 생각한다. 그러니 우리가 살아가는 시대의 징표를 잘 식별하고 문화사목을 실천하여 교회의 변화와 쇄신을 모색한다면, 가톨릭교회를 포함한 지구촌의 미래는 훨씬 더 밝아질 것이다.

2장

독서사목

독서는 인간다운 삶을 위한 길이자 참 신앙의 길이다. 인간됨을 먼저 갖추어야 참다운 신앙인이 되기 때문이다. '책을 읽지 않는 교회'는 생각하지 않는 신앙인을 낳고, 성찰과 반성의 삶에서 멀어지게 한다. 사목자와 신자들 간의 대화와 협력을 통한 다양한 독서사목은, 소외와 경쟁으로 메말라가는 현대인의 영성과 인성을 온전히 되살려낼 것이다.

독서사목이란 무엇일까?

독서의 필요성

얼마 전 세례식을 앞두고 예비신자들을 면담하였다. 그들 중 한 사람의 말이 뇌리에서 떠나지 않았다. 그는 김수환 추기경에 관한 책을 읽다가 그분 삶에 깊은 감명을 받아 천주교를 선택했다고 한다. 독서가 새로운 인생길을 열어준 셈이다.

독서는 인간다운 삶을 위한 길이다. 책을 읽을 때 생각하고 비판할 수 있는 능력을 갖추게 되고 상상력이 배양된다. 이렇게 형성된 지성은 인성을 키우고, 나아가 영성을 풍요롭게 한다. 따라서 독서는 신앙인에게 필수적이다. 인간성을 먼저 갖추어야 올바른 신앙인이 될 수 있기 때문이다. 특히, 교회서적 내지 신앙서적은 신앙인에게 영혼의 양식이며 건강한 신앙생활을 위한 보약이다. 하지만 신자들은 교회서적을 읽는 데 매우 인색하다. 통계조사를 보면, 신자 10명 중 6명은 일 년에 단 한권도 읽지 않는다. 교회 출판사들이 발행하는 서적 중에는 신앙을 성숙시켜주는 보배로운 내용들을 담은 경우가 많지만, 안타깝게도 신자들은 무슨 책이 있는지조차 모른다.

'책을 읽지 않는 교회'는 생각하지 않는 신앙인을 양산하고, 성찰과 반성의 삶이라는 회개에서 멀어지면서 '삶 따로 신앙 따로' 살아가거나 '영적 세속성'[1]에 빠질 수 있다. 올바른 신앙생활, 하느님과 늘 일치된 삶으로 나아가게 하는 방법 중 하나가 바로 영적 독서다. 성경 읽기를 포함한 영적 독서는 자신의 삶을 성찰하고 반성하도록 안내하고 신앙의 기쁨과 행복을 전해주며 영적 성숙을 꾀하고 치유의 은총을 준다.

독서사목의 출현 배경

한국 가톨릭교회는 2015년 12월 현재 전체 인구 대비 7.9%에 이르며, 짧은 시간에 엄청난 양적 성장을 이루었다는 면에서 매우 기쁜 일이지만, 반면에 보수화, 중산층화, 세속화 같은 문제로 '복음 없는 복음화' 현상[2]과 쉬는 교우 증가가 심화되고 있다. 교세가 팽창한다고 신앙의 질적 성장이 저절로 따라오는 것은 아니다. 외적 복음화가 튼실하기 위해서는 내적 복음화가 필요하다. 이제 한국교회는 내적이고 질적인 성장에 힘써야 할 때다. 신앙이 질적으로 성숙하기 위한 첩경은 자기 성찰과 반성에 있다. 반성적 성찰을 위한 근본적인 길 가운데 하나는 책을 읽고 사유하는 것이다. 신앙 서적을 읽을 때 자신을 돌아보게 되고 하느님과 이웃과의 관계 개선을 통해 신앙의 질적 성숙이 깊어진다.

신자들이 신앙서적을 자주 접하고 생활 속에서 독서를 습관화하려면, 교회 안에 독서문화가 정착되어야 한다. 교회의 독서문화는 저절로 이루어지는 것이 아니라 본당에서 사목 차원으로 접근해야 한다. 사목자와 평신도가 대화하고 협력하여, 다양한 독서 프로그램을 체계적이고 효율적으로 본당사목에 접목하는 독서사목이 필요하다. 본당에서 독서사목을 실천할 때, 교회 구성원인 신자들은 기존 사목이나 본당활동에 더 적극적이고 능동적으로 참여할 수 있다.

독서사목은 교회의 진정한 복음화와 신앙인의 영적 성숙을 이끌어준다. 영적으로 메말라 있는 현대인은 영성적 욕구와 종교적 체험에 대한 욕구를 여러 형태의 신흥영성 운동을 통해 채우려는 경향이 있다. 교회는 진정한 영성의 보고(寶庫)이지만, 현대인의 영적 욕구를 제대로 충족시키지 못해왔다. 이제는 교회가 다각적이고 현실적인 대안을 제시해야 한다. 교회는 심오한 영성의 내용과 깊이를 다룬 영성서적이나 신심서적을 풍부하게 간직하고 있다. 따라서 오늘날 한국교회가 당면한 기회와 위기를 헤쳐 나가는 데 필요한 자양분을 제공해줄 수 있는 독서사목이 점점 관심의 초점이 되고 있다.

독서사목 개념

최근 교회 안에서는 독서와 사목이 결합된 '독서사목'이 부각되고 있다.[3] 독서사목은 책을 매체로 신자들과 소통하는 사목이다. 그것은 신자들의 신앙생활을 더욱 풍요롭고 성숙한 삶으로 이끌 수 있다. 신자들이 교회서적이나 신앙서적을 꾸준히 읽고 묵상할 때 예수님을 더욱 닮아가고, 내면 안에서 좋은 땅을 일구어 서른 배, 육십배, 백배의 열매를 맺을 것이다(마르 4,8 참조).

독서사목은 본당공동체나 소속 단체가 주관하여 교회서적을 통해 다양하고 효과적인 사목을 도모한다. 여기에는 두 가지 방식이 있다. 하나는, 독서를 기존 사목과 접목하는 방식이다. 소공동체 모임, 주일학교, 강론, 신심단체 등에서 책을 읽고 내용을 나눈다. 다른 하나는 전 신자용 본당추천도서, 독서모임, 북카페나 작은도서관,

저자 강연 및 사인회, 북콘서트, 독후감 공모, 북스타트 운동 등 책을 가지고 다양하게 실천하는 사목이다.

- 기존 사목의 활성화를 위한 방식

이 방식은 본당신부가 주도적인 역할을 해야 한다. 본당에는 계층, 대상, 분야별로 다양한 사목이 존재한다. 교회서적이 기존 사목과 연결될 때 상승효과를 낼 수 있다. 예를 들어, 미사 주례 사제가 강론시간에 자신이 감동 깊게 읽은 교회서적 내용을 독서 및 복음 메시지와 연관 지어 신자들과 나눈다면, 신자들에게 기억에 남는 메시지를 전하게 될 것이고 자연스레 교회서적을 읽도록 권장하게 된다. 주일학교나 소공동체, 여러 단체 사목에 교회서적 읽기를 연결시켜 기존 사목을 강화하거나 신앙 성숙을 꾀할 수도 있다.

- 독서를 위주로 하는 방식

본당신부나 평신도가 각각 주체가 되어 신자들의 신앙생활을 풍요롭게 하는 방식이다. 본당신부가 직접 교회서적을 선정하거나 본당 추천도서위원회를 구성하여 추천받은 책을 신자들에게 읽도록 권유하는 방법이 있다. 또 다른 예로, 평신도가 자발적으로 독서모임을 만들어 구성원끼리 읽은 책 내용을 다양한 방식으로 표현하면서 기쁘게 신앙생활을 할 수 있다. 사회적으로 알려진 명사를 초청하여 음악과 함께 강의를 듣고 저자 사인회를 실시하는 '가톨릭독서콘서트'도 있다. 본당 공간을 문화적으로 활용하여 북카페나 작은도서관을 운영할 수도 있다.

독서사목의 효과

　교회공동체가 독서사목을 실천할 경우 다음과 같이 여러 긍정적인 효과를 거둘 수 있다. 첫째, 신자들의 신앙생활이 풍성해지고 신앙의 질적 성숙과 변화가 이루어진다. 영적 독서나 복음적 가치관을 지닌 일반 서적은 신앙의 기쁨과 행복을 맛보게 해주고, 때로는 교회사 속에 숨겨진 영성가들의 귀중한 저술을 통해 한층 깊고 성숙한 신앙의 길을 걸어가게 해준다. 어느 때는 회개와 참회로 인생을 변화시키기도 하며, 더 나아가 아픔과 상처를 치유 받고 남을 용서하기도 한다. 영성 서적을 읽도록 유도하는 독서사목은 나태해지고 세속화된 신앙생활에 일침을 놓아, 미지근하거나 냉담 중인 신앙을 점검하게 하고 참 신앙인의 본분을 다할 수 있도록 자극한다.

　둘째, 새 시대를 위한 새로운 사목으로 떠오르는 독서사목은 기존 사목과의 다각적 연계와 고유하고 다양한 프로그램으로 교회 사목과 선교에 신선한 바람을 불어넣고 교회공동체를 활성화한다. 전례와 성사, 소공동체와 단체 위주의 기존 본당사목은 새 시대를 맞아 추동력을 잃고 있다. 책읽기 중심의 독서사목이 기존 사목에 접목된다면 침체 분위기의 교회에 활력을 줄 것이다. 또 계층과 세대에 따른 다양한 독서문화 프로그램을 실시한다면 신자들의 관심과 취향에 부합할 수 있을 것이다.

　셋째, 작은도서관이나 북카페라는 독서문화공간은 신자들 간의 친교와 일치를 도모하고, 아울러 지역사회와 소통하는 계기가 될 수 있다. 많은 성당들이 자유로운 분위기의 독서문화공간을 만드는 추세다. 책을 매개로 한 문화공간에서 만나는 신자들은 편안한 마음으로 친교를 나누고, 독서하는 분위기 속에서 책과 친밀해지며, 지역 주민들이 참여할 수 있는 '열린 공간'으로 작용하기도 한다.

넷째, 독서사목은 가톨릭독서콘서트, 독서교육, 낭독과 같은 다양한 문화프로그램을 실천하기 때문에 신앙의 유무를 떠나 지역주민의 자발적인 참여를 유도하고 간접적인 선교 효과를 거둘 수 있다. 예를 들어, 독서콘서트에 초빙되는 강사는 대개 사회 유명인사이고, 가톨릭 신자만이 아닌 이웃 종교인일 수도 있다. 따라서 지역주민 중에 관심 있는 강사의 강의를 듣기 위해 참여하는 경우도 많다. 작은도서관에서 실시하는 어린이 독서교육 참가자 중에도 비신자 부모의 자녀가 제법 많다. 그러므로 독서사목은 비신자들이 자연스럽게 성당을 찾게 하고, 의식적이든 무의식적이든 가톨릭에 좋은 이미지를 심어준다.

다섯째, 독서사목은 지역 문화발전과 건전한 독서문화운동에 이바지한다. 성당 안에 작은도서관이나 북카페 같은 공간을 만들거나 다양한 독서 프로그램을 실시하는 것 자체가 지역 문화를 더 계발하고 발전시킬 수 있으며, 책을 읽도록 유도하는 방법이 될 수 있다. 작은도서관과 구립도서관의 교류, 작은도서관 간의 정보교환, 문화프로그램 상호실천 등은 지역의 독서문화 확산과 실천에 기여할 수 있다.

독서사목을 어떻게 실천할 것인가?

본당사목은 전례, 선교, 교육, 봉사, 친교 등의 교회 직무와 관련된 다양한 활동으로 실천된다. 미사성제를 중심으로 한 성사생활, 소공동체 모임, 주일학교, 강론, 신심단체, 본당 행사, 동호회, 지역사회와의 소통 등 기존 본당활동을 위한 사목에 독서문화를 자연스럽게 접목할 때 긍정적인 효과가 크다. 급변하는 사회문화 변동에 따라 기존 사목의 영향력이 점차 줄어들며 교회활동이 전반적으로 약화되는 이때에, 독서문화가 자연스레 기존 사목에 적용된다면 본당공동체에 새로운 활력을 제공할 수 있다. 한편, 기존 사목에 독서문화가 수용되는 과정에는 기존 단체나 모임을 통해 구성원과 함께 책읽기를 실시하거나 책 내용을 가지고 성경 말씀과 연계하여 나누는 방식, 독서모임이나 독서교육을 실시하는 방식이 있다.

기존 사목을 활성화하는 방식

• 미사 강론에 교회서적 활용

사제에게 강론은 의무이며, 자기 삶을 거룩하게 하고 공동체의 성화를 위한 사명이다. 사실 사제는 주일이나 평일 미사의 강론을 준비하기 위해서 성경과 신심서적을 포함한 영적 독서와 기도, 일상생활 안의 하느님 체험 등 많은 것이 요구된다. 그 중에서 교회서적이나 신심서적 읽기는 강론 자료를 찾고 모으는 데 큰 도움이 된다. 평소 꾸준히 영적 독서를 하면서 자신에게 감명을 준 내용이나 신자들에게 도움이 되는 내용을 발견할 때 항상 메모해두는 습관을 들여야 한다. 이러한 메모와 자료가 차츰 쌓이고 강론 주제에 맞는 자료를 필요할 때마다 활용한다면 신자들에게 유익할 것이다. 더 나아가 신자들은 강론에서 인용한 내용의 서적을 기억해두었다가 구입하여 읽는 기회를 가지게 된다. 아직도 한국 사회에서 사제의 말 한마디는 신자들에게 큰 영향을 끼치기 때문에, 사제는 가급적 자주

Tip!

필자는 본당에서 매주 목요일 10시 미사 강론에 교회서적을 활용한다. '본당추천도서 읽기 운동'과 연결된 독서 프로그램이다. 이 책읽기 운동은 두 달에 한 권씩 책을 선정하는데, 이때 선정된 책의 내용을 강론 때 신자들과 나눈다. 강론 중 첫 시간에는 신자들에게 선정된 책을 소개하고, 매주 일정 분량을 읽어올 수 있도록 책 목차에 따라 진도표를 나누어준다. 그 후 매주 목요일 강론 시간에 진도표에 따라 읽은 내용에 대하여 미사에 참여한 신자들과 이야기를 나눈다. 처음에는 신자들이 '독서 후 느낌나누기'를 어색해하지만 시간이 지날수록 적응하면서 곧잘 나눔이 이루어진다. 무선마이크를 들고 성전 복도를 오가며 자연스런 분위기에서 나누려 하지만 신자들이 자신의 느낌이나 감정을 발표하기 힘들어한다. 그럴 때는 주례사제가 책 내용을 요약해서 말해준다. 특정 내용에 대해 간단한 질문을 던져도 좋다.

미사에 참여한 신자들은 강론 중에 교회서적을 나누는 것을 매우 신선하게 느끼며, 책에 대한 호응도가 높아진다. 우선 교회서적을 공동체적 안에서 함께 읽고, 알지 못했던 것을 깨닫게 되며, 딱딱하고 지루한 강론에서 벗어나 신앙생활의 기쁨과 즐거움을 체험하게 된다. 어떤 신자들은 선정된 책을 다 나누기도 전에 다음에 선정할 책이 무엇인지 묻기도 한다. 본당의 매주 목요일 10시 미사는 '독서사목 미사'인 셈이다.

강론시간에 교회서적을 거론하여 책 읽는 신자들이 되도록 유도할 필요가 있다.

• 책으로 하는 소공동체 모임

본당마다 구역별 소공동체 모임인 반모임이 한 달에 한두 번 이상 진행되고 있다. 소공동체 모임은 오랜 기간 '복음나누기 7단계'를 실천해왔다. 그러나 매달 반복되는 형식에 지루함을 느끼거나 어려움을 호소하기도 한다. 이때 새로운 의욕을 고취시키고 모임에 생기를 더하기 위해 가끔 다른 형식을 도입할 필요가 있다. 이런 상황에서 반모임이나 구역모임에 가끔씩 본당추천도서나 읽을 만한 책을 활용해도 좋다. 책이 매개가 되어 반원들이나 구역원들이 수월하게 자신들의 삶과 신앙을 나누는 계기가 된다. 또 다른 방법으로, 반모임이나 구역모임을 독서모임 형식으로 진행해보는 것도 신선할 것이다. 신심서적 한 권을 선정하여 다음 모임 때까지 읽고, 느낀 점을 다양한 방식으로 나눌 수 있다.

• 주일학교와 연계

본당마다 운영되는 초중고등부 주일학교는 학생 수 감소, 다양한 프로그램 미흡, 인력과 재정 부족 등으로 어려움을 겪고 있다. 학생들은 과거와 달리 육체 및 정신적 발달과 성숙이 빨라지고 있으며, 정보화와 네트워크화로 복잡한 사회 환경에 노출되어 가정 울타리에서 부모의 가정교육에만 의존할 수 없기에, 교육 전문가에 의존하는 빈도가 높아지고 있다. 주일학교도 전통적인 형식과 내용에서 탈피하여 시대에 걸맞게 변화해야 할 시점이다.

본당 주일학교가 시대적 변화에 적응하는 방법 중 하나는 '독서교실'을 운영하는 것이다. 독서교실은 학생들에게 책 읽는 즐거움과 습관을 길러주고 올바른 독서 태도를 형성해준다. 성경을 포함하여 학생들에게 신앙과 관련된 어린이·청소년 서적을 읽도록 유도할 수 있다. 또 다양한 독서 방식을 체험하고 그 결과를 발표하여 신앙을 성숙시켜 나갈 수 있다. 특히 교실에서 이루어지는 책읽기 이외에, 책에 나오는 현장을 탐방하여 실제로 체험하게 한다면 커다란 효과를 거둘 것이다. 여름방학 때 '독서캠프'를 실시하는 것도 학생들에게 매우 인상적일 것이다.

독서를 위주로 하는 사목

본당공동체에 독서문화를 정착시키고 확산시키기 위해 새롭게 실행되는 독서사목은 본당사제 혹은 평신도가 주체가 되어 본당사목을 활성화시키고 신자들의 신앙생활을 풍요롭게 하는 데 목적이 있다. 독서모임, 북카페나 작은도서관, 저자 강연 및 사인회, 독서콘서트, 독후감 공모, 북스타트 운동 등 책을 통해 다양한 방식으로 실천할 수 있다.

• 본당추천도서 읽기 운동

최근에 본당추천도서 읽기를 시행하는 본당이 늘고 있다. 한 달에 한 권이나 두 달에 한 권씩 교회서적을 읽도록 권장하기도 하고, 한

본당추천도서 선정 기준

① 책값이 너무 비싸면 안 된다. 10,000원 내외가 적당하다.
② 책이 너무 두껍다거나 글씨가 너무 작은 것보다 얇고 큰 글씨가 좋다.
③ 책 내용이 짧고 쉽게 읽을 수 있어야 한다.
④ 서원에 근무하는 수녀님이나 본당 교육 분과위원들과 의견을 나누는 것도 좋다.
⑤ 전례 시기나 본당행사에 맞추어 책을 선정한다.

해 동안 '신심서적 54권 읽기'를 목표로 본당 내 독서문화 운동을 펼치는 경우도 있다. 본당신부가 직접 선정하거나 도서선정위원회를 만들어 정기적으로 교회서적을 선정하고 주보에 소개하여 신자들이 읽도록 한다. 신자들이 추천도서를 읽을 수 있도록 본당에서 그 책을 판매해야 한다. 보통은 성물판매소가 책 판매를 담당하지만 선정된 책을 주일미사 시간에 공지하는 날 신자들이 많이 다니는 장소에 별도 판매대를 설치하여 적극적으로 책을 사도록 유도할 필요가 있다. 또한 본당 휴게실이나 잘 보이는 장소에 본당추천도서를 전시해 놓는 것도 좋다. 추천도서 읽기를 권장하는 데 도움이 되는 후속 프로그램으로는 저자 초청강연, 독후감 공모, 평일미사 강론과 연계, 퀴즈대회 등이 있다.

- 독서모임 운영

본당에서 독서사목을 실천하는 방법 중 하나로 독서모임이 있다. 책읽기를 좋아하는 사람들끼리 함께하는 작은 모임으로, 평소 자주 만나는 사람들이 모이는 것이 좋고, 비슷한 연령대끼리 혹은 새영세 자끼리 모이는 것도 좋다. 더 많은 회원을 모집하려면 본당 주보에 홍보하는 게 효과적이다. 회원 수는 10명 이내가 좋고, 매월 한 번 혹은 매주 한 번 모임이 적당하다. 모임 횟수는 회원들이 선택한 책을 읽을 능력에 맞추어야 한다. 너무 자주 모이면 책을 읽거나 모임을 나오기가 부담될 수 있고, 두 달에 한 번은 너무 느슨하여 자칫 모임날짜나 읽은 책 내용을 잊어버릴 수 있다.

독서모임 시간은 1시간 이내로 마치는 것이 좋다. 모임시간이 길어지면 지루할 수 있기 때문이다. 독서모임에는 주관하는 진행자가 있어야 하고, 서로 돌아가며 맡는 것이 좋다. 진행자가 전체 책 내용을 요약하여 소개한 후, 각자 책을 읽고 느낀 점을 짧게 발표한다. 만약 책을 읽지 않은 회원이 있다면, 다른 회원의 이야기를 경청하도록 하고 다음 사람으로 넘어가 발표하도록 한다.

여러 사람이 함께 모여 책을 읽고 나누는 독서모임은 다채로운 효과를 낳는다. 우선, 여러 사람의 의견이나 관점을 공유하는 가운데 독서를 통한 영적 성장을 도모할 수 있다. 둘째, 독서를 통해 다양한 분야의 책을 읽다보면 지적 충전을 할 수 있다. 셋째, 독서모임은 친교와 선교의 기회를 제공한다. 회원들이 우정을 나누고 비신자도 참여 가능하므로 간접선교로 이어질 수도 있다. 이처럼 독서모임의 다양한 장점을 체험할 수 있기 때문에, '영적 독서회', '00 강학회'

등 여러 이름으로 모임을 실시하는 본당들이 늘고 있다.

• 가톨릭독서콘서트

서울대교구 불광동 성당에서는 한 달에 한 번 사회적으로 잘 알려진 저자를 초청하여 수년간 강연회를 개최해왔다. 일명 '가톨릭독서콘서트'다. 한수산 작가, 시각장애인 개그맨 이동우, 시인 신달자와 정호승, 바람의 딸 한비야, 생태마을 황창연 신부, 이해인 수녀 등 다양한 분야의 강사가 주옥같은 강의를 해주었다. 본당신자뿐 아니라 이웃본당신자, 지역주민들로 매번 본당 성전이 가득 찼고 저자 사인회도 있었다.

가톨릭독서콘서트는 매달 넷째 목요일 저녁 8시에 대성전에서 음악 연주, 저자 강연, 경품추천, 사인회로 구성되어 진행된다. 강연을 듣는 이들은 자신의 삶을 성찰하고 신앙생활을 쇄신할 수 있는 기

가톨릭독서콘서트

회를 얻고, 새로운 세계를 배우게 된다. 이런 강연은 본당 차원에서 매달 개최하기가 힘들기 때문에 일 년에 분기별로 실시해도 좋다. 또는 강연에 참여할 사람을 회원제로 하여, 소수 인원이 정기적으로 저자를 초청할 수 있다.

• 본당 작은도서관 / 북카페 운영

독서사목에서 가장 큰 비중을 차지하는 것들 중에 하나는 교회 서적과 일반서적을 두루 겸비한 본당 도서관이나 북카페의 운영이다. 독서문화공간에서 차와 커피를 마시는 카페는 신자뿐 아니라 지역주민도 자유롭게 드나들며 손쉽게 책을 빌려볼 수 있는 복합문화공간 역할을 할 수 있다.

본당에 문화공간을 마련하여 '작은도서관'을 설립한다면 간접선교의 효과를 거둘 수 있다.[4] '작은도서관'은 일상생활을 하면서 누구나 쉽게 지식정보와 생활문화 서비스를 제공받을 수 있도록 만든 소규모 도서관이다. 본당 작은도서관은 주일학교 학생, 예비신자, 어린이집 유아를 위한 교육장이 될 수 있을 뿐 아니라, 모든 신자들이 독서를 생활화하도록 유도할 수 있다. 최근 북카페가 등장하고 확산되어 도서관이 복합문화공간으로 자리 잡으면서 시낭송, 연주회, 저자 강연, 학생들의 모둠 학습활동, 체험학습, 부모와 자녀 교육 등 다양한 체험과 행사가 이루어지는 추세다.

불광동 성당은 최근에 본당 휴게실을 리모델링하여 방 하나를 작은도서관으로 만들었다. 5천여 권의 책이 구비되어 있고, 도서관운영위원회의 자원봉사자들이 활동하고, 회원증을 발행하여 신자든 지

불광동성당의 작은도서관과 작은도서관 소식지

역주민이든 원하는 사람은 누구나 회원 가입이 가능하다. 본당 홈페이지에 도서관을 링크시켜놓아서 책 목록 열람이 가능하고, 꾸준히 신간서적을 구입하여 전시하고 있다. 현재 작은도서관은 젊은 엄마들 대상으로 '영어동화 프로그램'과 초등부와 중등부 학생을 위해 각각 '독서교실'을 진행하고 있다. 여름방학 중 3일간 '어린이 영어캠프' 프로그램도 있다. 주일학교와 연계하여 학생들에게 학년에 맞는 신앙서적을 읽고 독후감을 쓰게 하는 프로그램도 있다. 작은도서관 토요프로그램으로 '동화창작반'을 운영하고 있으며, 매달 넷째 주일 오후에는 자발적으로 조성된 '본당추천도서 독서모임'이 운영되고 있다. 이 모임의 결과를 본당 다음카페[5]에 꾸준히 올리며 모임을 지속하고자 노력 중이다.

• 북스타트 운동

'북스타트 운동'은 영국에서 시작된 운동으로 전 세계 많은 나라에서 실시하고 있으며, 한국도 '북스타트 코리아'(www.bookstart.

org) 지부를 설치하여 시행하고 있다. 북스타트 운동은 태어난 아기가 책으로 인생을 시작하도록 하며, 부모와 아기의 상호소통을 돕는다. 이미 일반사회에서 어느 정도 실천되고 있으니, 이 운동을 교회에 도입한다면 유아신앙교육에 큰 도움이 될 것이다. 불광동 성당에서는 북스타트 운동을 모델로 '아가책사랑 운동'[6]을 실시하여 매달 마지막 토요일 유아세례 때, 세례 받는 유아와 부모에게 본당 작은도서관에서 회원증을 만들어주고, 엄마가 아기에게 읽어줄 신앙관련 유아책과 유아도서목록을 꾸러미와 함께 선물한다. 엄마가 아기를 안고 성호경을 그으며 기도하고 책장을 넘기며 성경말씀이나 성경 인물에 관한 이야기를 읽어줄 때 아기는 엄마의 따뜻한 음성을 듣는다. 아기는 엄마가 전해주는 내용의 이해 여부를 떠나 반복적인 독서에 젖어들면서, 엄마와 자연스런 소통과 교감을 통해 무의식적으로 신앙 감각을 익히게 된다. 6개월 후에 부모와 아기를 위한 후속 프로그램을 실시하는 것도 필요하다.

독서사목의 유의점

현재 한국 가톨릭교회는 과거에 비해 독서사목의 필요성과 중요성을 인식하고 다양한 방식으로 실천하려는 경향을 보이고 있다. 그러나 독서사목이 모든 본당에 수용되고 정착되기에는 어려운 점들이 있고 가야할 길도 멀다. 독서사목 실태를 바탕으로 몇 가지 유의할 점을 살펴보고자 한다.

• 본당에서 사목자나 평신도가 독서사목을 실천하려면 먼저 독서사목이 무엇인지 잘 이해해야 하고, 이를 위한 독서사목 교육 프로그램이 필요하다. 독서사목에 대한 정확한 인식이 바탕이 되지 않을 때 행사 위주로 한번 혹은 단기적으로 끝나는 경우도 있다.

• 교회 안에서 실천되는 독서사목은 거의 사목자가 주도하기 때문에 신자들이 수동적으로 움직일 수 있다는 면에서 지속되기 어려울 수 있다. 따라서 사목자 주도형 독서사목 프로그램뿐만 아니라 평신도가 주도하는 독서 프로그램도 필요하다. 예를 들어 저자와의 만남, 독후감 공모 및 시상, 독서모임 등 여러 독서 프로그램을 평신도에게 맡겨 자발적으로 수행하도록 하면 좋다.

• 독서사목을 위해서는 기존 사목과 연계된 사목계획과 정책이 필요하다. 전례, 선교, 강론, 교육, 봉사, 친교와 같은 영역의 기존 사목과 무관하게 독서사목이 이루어진다면 그 효율성이 제한될 것이다. 다시 말해, 독서사목이 기존 사목 영역과 내용에 깊숙이 이어져 있을 때 교회 안에서 더 쉽게 확산될 수 있음을 인식해야 한다.

독서사목을 위한 제언[7]

• 모든 사제는 '책을 읽는 사제'일뿐 아니라 '책을 읽어주는 사제'가 되어야 한다. 사제가 제대로 사목활동을 하려면 영적 독서와 기도는 물론이고 신심서적과 일반서적을 꾸준히 읽어야 한다. 책

을 읽는 사제는 자연스레 신자들에게 책을 읽어주게 되어 있다. 한국 교회에서는 아직도 사제의 위상이 크기 때문에, 신자들의 교회서적 읽기는 사제들이 책에 얼마나 투신하느냐에 달려 있다 해도 과언이 아니다. 그만큼 성직자가 평신도에게 미치는 영향력은 크다. 독서사목을 활성화하려면, 먼저 사목자의 주도적 역할이 필요하다.

• 사목자는 신심서적을 사목활동 속에서 다양하게 활용하려는 의지와 창의성이 있어야 한다. 사제는 평소 읽는 책 중에서 깊은 감명을 준 내용을 발췌하여 강론 때 신자들과 나눌 수 있고, 단체와 신자들에게 신심서적을 읽도록 권유할 수 있어야 한다. 본당은 계층별, 내용별, 전례력에 따라 다양하고 복합적인 사목이 실천되는 곳이다. 독서사목이 이런 기존 사목과 형식 및 내용상으로 깊이 연계되고 응용될 때 효과가 크게 나타난다.

• 독서사목은 평신도의 자발적 실천을 요청한다. 신심서적을 읽는 행위는 단기적인 것도 형식적인 것도 아니다. 지속적인 독서를 위해 평신도는 각자 신앙서적에 관심을 가지고 독서를 생활화하고, 같은 취향을 지닌 사람들과 모여 공동체 차원에서도 꾸준히 독서를 계속해야 한다.

• 독서사목을 지속하려면, 본당 환경에 맞는 다양한 독서 프로그램을 개발해야 한다. 독서지도사나 독서치료사 같은 전문 인력과 평신도 독서봉사자를 양성하고, 독서사목 연구를 위한 투자도 필요하다.

• 독서환경을 조성해야 한다. 책을 자연스레 읽을 수 있는 분위기를 만들어주는 공간이 본당 안에 있어야 한다. 우리 사회는 집주변에 공공도서관, 마을문고, 서점 같은 '독서 공간'보다는 카페, PC방, 노래방, DVD방 등 '소비적 대중문화 공간'에 접근하기 쉽도록 되어 있다. 사람들은 접근하기 쉬운 환경에 자신을 내맡기곤 한다. 최근 독서율이 쇠락하는 이유 중 하나로 소비적 대중문화공간의 급증이 한 몫하고 있다.

휴게실을 이용해서 북카페나 작은도서관을 운영하는 본당이 늘고 있다. 책을 쉽게 접할 수 있는 본당 환경일수록 신자들은 자연히 책을 읽게 된다. 사랑방처럼 가족이 어울려 책을 읽을 수 있는 본당 공간은 가정성화에 도움이 될 수 있고, 본당신자들 간의 만남도 용이하게 해줄 것이다. 더 나아가서 주일학교나 노인대학 프로그램과 연계할 수 있다. 독서공간의 확보는 본당 사목자의 의지가 가장 중요하다. 단순히 커피나 차를 마시는 휴식공간보다 책을 벗 삼을 수 있는 환경이 사목의 효율성을 높일 것이다.

• 독서를 생활화하도록 노력해야 한다. 독서가 신자들의 생활양식으로 자리 잡으려면 다양한 독서 프로그램, 독서교육, 독서모임, 인문학 강좌 등이 필요하다. 독서퀴즈대회, 독후감 공모 및 시상, 저자와 만남, 시낭독 및 음악회 등을 연례적으로 실시하는 것도 좋다. 예를 들어, 본당 휴게실을 북카페로 꾸미고 그 장소를 활용하여 정기적으로 소규모 인문학 강좌나 시낭송, 저자와의 만남 같은 프로그램을 진행한다면 신자들과 지역주민 모두가 자연스럽게 책과 더불

어 살아갈 것이다.

책 속의 깊은 영성적 내용을 피정이나 기도를 위한 도구로 활용한다면 효과가 클 것이다. 영혼의 양식이 될 만한 책을 영상을 통해 보여주거나 녹음을 통해 들려줄 때 깊은 감동을 전해줄 것이다. 특히 독서사목과 렉시오 디비나(거룩한 독서)를 연계하면, 신자들의 신앙생활이 더욱 풍요로워질 것이다.[8] 더 나아가 요즘 블로그나 페이스북, 트위트 등 소셜미디어 서비스(SNS)를 통해, 책 내용 중 감동적인 문구를 이웃과 나누는 것도 독서의 생활화에 도움이 될 것이다.

• 교회는 지속적인 독서운동을 전개할 필요가 있다. 그러기 위해서는 새로운 시민사회운동처럼 다수의 참여를 유도하는 방식을 취해야 한다. 교회 사목자만이 독서운동의 주체라는 인식에서 벗어나야 한다. 사목자와 평신도 모두 스스로 주체가 되어, 삶 안에서 자연스럽게 독서에 심취할 수 있도록 노력해야 한다. '신심서적읽기 캠페인' '독서의 달 행사' '이달의 책' '이 달의 저자' 등 각종 독서운동을 펼칠 때, 신자들은 독서에 더 적극 참여하게 될 것이다.

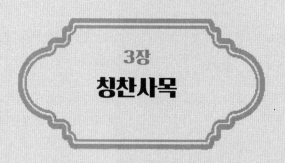

3장

칭찬사목

칭찬은 사람 사이의 관계를 부드럽게 만든다. 교회가 긴 안목

을 가지고 기도하는 습관처럼 꾸준히 칭찬사목을 실천한다면,

칭찬문화가 교회 안에 자연스럽게 자리 잡아 공동체 분위기를

따뜻하고 끈끈하게 만들어줄 것이다.

그대 가슴을 가장 설레게 한 칭찬 한 마디는 무엇인가?

"당신이 있어 행복합니다."
"볼수록 사랑스럽고 볼수록 멋있네요."
"대단하네요! 정말 대단해요!"

작은 일을 성실하게 이뤘을 뿐인데 이런 말을 듣는 경우가 있다. 쑥스러워서 고개를 숙이지만 샘물처럼 올라오는 뿌듯함을 겪어 보았을 것이다.

칭찬은 잘못된 길을 가는 사람을 돌이키는 힘도 있고, 기운 빠진 어깨를 추켜 올려주는 마법이 있다. 칭찬은 미소가 말라버린 얼굴에 생기가 돌게 하는 보약이다. 무엇보다 칭찬은 돈이 들지 않는다는 면에서 투자가치도 높다. 예수님의 가르침 중에도 칭찬의 말씀이 많이 들어 있다. 칭찬은 하느님 나라 건설을 목표로 하는 사람이라면 누구나 공감할만한 말이다. 마음 속 에너지가 긍정적일 때 말도 기운도 긍정적으로 전달이 되는 것은 당연하다. 칭찬의 말은 이미 칭찬하는 사람 마음을 긍정 에너지로 만든 후에 상대방에게 가닿는다. 그러니 칭찬이란 결국 말하는 사람과 듣는 사람 모두를 상승시키는 귀한 보물이다. 이런 칭찬을 본당사목에 접목하면, 사람과 사람의 관계를 건강하게 만들고, 어두운 마음을 밝은 빛으로 이끌어내어 활기찬 본당 공동체도 이루게 될 것이다.

칭찬사목의 도입 배경

본당사목에 칭찬을 도입한 궁극적인 계기는 예수님의 계명인 '서로 사랑하라'는 말씀을 구체적으로 실천하기 위해서이고, 또 다른 동기는 칭찬문화가 교회 안에서 토착화되어 교회문화가 되었으면 하는 바람에서이다. 신자들은 성경, 강론, 교리교육, 훈화 등을 통해 서로 사랑하라는 말을 무수히 듣지만, 실제 행동으로 옮기지 못해 말과 행동이 다르다는 소리를 자주 듣는다. 사랑의 실천이 잘 되지 않는 이유 중에는 어떻게 사랑을 구체적으로 실천할지 모르기 경우가 많다. 한국 사람은 점잖아야 한다는 생각이 지배적이고, 잘 나서지 않는 편이다. 그러니 사랑을 쉽게 표현하는 것도 어색해한다. 칭찬사목은 신자들이 이웃사랑을 어떻게 구체적으로 실천할 수 있는지를 다양한 방식으로 표현하도록 안내해준다. 부부 간, 부모와 자녀 간, 이웃 간, 직장동료 간, 상사와 부하직원 간에 한마디 칭찬의 말이 어떻게 서로의 관계를 긍정적으로 변화시키는지 깨닫게 해준다.

칭찬사목의 의미

칭찬사목은 너무나도 빈번히 이루어지는 뒷담화라는 부정적인 말의 문화를 칭찬과 격려라는 긍정적인 말의 문화로 변화시킨다는 면에서 '문화에 대한 사목'이랄 수 있다. 무심코 던진 돌에 개구리가 맞아 죽듯이, 생각 없이 던진 말 한 마디가 상대방에게 마음의 상처와 고통을 안겨준다. 세치 혀로 사람을 죽일 수도 있는 말의 위력이 잘 못 쓰일 때 여러 형태의 죽음의 문화를 낳게 된다. 따라서 칭찬문화 는 죽음의 문화를 생명과 사랑의 문화로 전환시켜서 '말의 복음화' 를 실현할 수 있다. 더 나아가 칭찬은 상처받은 마음을 치유해주고, 외로움과 절망과 낙심에 빠진 사람들을 회복시켜주는 힘이 있다. 이 는 원만한 인간관계를 맺어주는 윤활유와 같다. 따라서 칭찬사목은 칭찬문화를 신자들의 삶에 확산시켜 서로 간에 사랑을 구체적으로 실천하게 함으로써 친교와 일치의 공동체로 나아가게 해준다.

칭찬사목의 구체적인 방법

필자는 본당에서 칭찬 캠페인을 오랫동안 벌여왔다. 교회 안에 사랑 의 구체적 표현인 칭찬문화를 실현해보고자 한 것이다. 특히 교회 안 에서 신자들이 좋은 인간관계를 형성하고 유지하는 데 칭찬이 필요함 을 알았기 때문이다. 그 일환으로 한 해 본당사목 목표 중 하나로 칭 찬사목을 시도한 적이 있다. 구체적인 실천 사례를 살펴보기로 한다.

• 상반기에는 강론이나 특강을 통해 칭찬에 대한 교육에 힘썼다. 칭찬에 관한 여러 권의 책을 읽고 중요 내용을 정리해서 주일미사나 평일미사 강론 때 성경과 연결시켜 설명하여 의식의 전환을 추구했 다. 예를 들어, 『칭찬은 고래도 춤추게 한다』(2014), 『칭찬 한마디의 기적』(2003), 『성경으로 보는 칭찬이야기』(2004) 등, 칭찬에 관한 자료

는 상당히 많다.

- 하반기에는 "칭찬노트"를 제작하여 전 신자에게 배포했다. 성탄 대축일까지 두 달 동안 이 노트에 매일 혹은 매주 간단하게라도 칭찬했던 내용을 적게 했다. 매일미사 때 칭찬 한마디를 하고, 그날 복음과 관련된 칭찬 관련 내용을 읽기도 했다. 이 노트를 예수성탄대축일 미사 때 아기 예수님께 선물로 봉헌하도록 했다. 나중에 필자가 읽어보니 너무나 많이 변한 신자들의 모습을 볼 수 있었다. (예: 직장에 미워하는 사람이 있었는데, 그 사람을 칭찬해주었더니 기뻐하였다고 한다. 또한 직장에서 칭찬 한마디를 외워서 자기에게 찾아오는 부하 직원들에게 한마디씩 하였더니 너무 좋아하였고, 그들에게 그 칭찬의 말이 화제가 되었다고 한다)

- 매달 두 번째 주일을 "칭찬주일"로 정해서 보냈다. 이날에는 성당 안에 칭찬 플래카드를 걸어놓고, 강론도 칭찬과 연결하여 준비했다. 또한 돌고래 그림이 담긴 칭찬 스티커를 미사에 참례한 전 교우의 옷에 붙여주며 칭찬을 독려하였다.

- 칭찬함을 성당에 두 군데 설치하였다. 칭찬쪽지에 "누구를 칭찬합니다." 하면서 내용을 간단히 적는다. 칭찬주일에 좋은 내용을 읽어주기도 하고, 본당 홈페이지에 그 내용들을 올려놓기도 한다.

- 주보 하단에 "칭찬 한마디 코너"를 설치했다. 간단한 칭찬의 말

인데, 주일미사 공지시간에 신자들에게 "오늘 칭찬 한마디는 무엇인가요?" 묻고 옆 사람과 서로 마주보며 칭찬하도록 한다. 예를 들어, "당신이 있어서 행복합니다."를 서로 바라보고 악수하면서 말하는 것이다. 그러면 성당 안의 분위기는 삽시간에 변한다. 말 한마디인데도 그 위력은 대단하다.

• 본당 소공동체 모임이나 단체모임에서 회의를 시작할 때, 둘이서 혹은 다른 사람에 대해 칭찬 한마디씩 하도록 권유했다. 이것을 실천한 단체는 효과를 톡톡히 보았다고 한다. 딱딱한 분위기에서 벗어나 부드러운 분위기 속에서 회의를 했다는 것이다.

• 칭찬 현황을 아래와 같이 구역별 그래프에 스티커로 표현하는 행사를 하고, 가장 칭찬을 많이 한 구역과 칭찬을 많이 받은 구역을 선정하여 시상하였다.

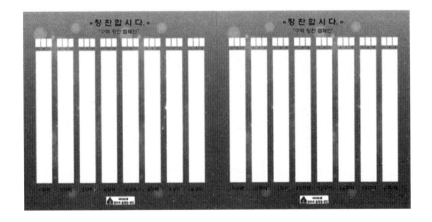

• 단체 칭찬 프로젝트를 실시하여 각 단체별로 가장 열심히 칭찬한 단체와 칭찬을 많이 받은 단체를 선정하여 시상을 하기도 하였다.

그밖에도 본당에서 할 수 있는 칭찬의 방법은 많이 있을 것이다. 주일학교에서 당일 수업을 끝낼 때, 칭찬할 만한 친구에게 "스티커 붙여주기"를 하고 가장 많이 스티커를 붙인 어린이에게 작은 선물을 주는 것도 좋을 것이다. 조금만 생각하면 좋은 아이디어들이 나올 것이다. 본당에서 칭찬사목은 어떤 사목에도 접목할 수 있다. 사목자가 조금만 주의를 기울인다면 얼마든지 풍성하고 효과 있는 사목이 될 수 있을 것이다.

칭찬사목의 실제 사례

구역·반 칭찬 캠페인 칭찬 사례

• (엘리사벳 자매는) 아파트 경비원이 지병으로 고통 받고 있으나 돈이 없어 병원에 못가는 것을 알고 치료비를 대신 내주어 칭찬하였습니다.
• 며느리가 병문안을 와서 외식을 권했더니 닭 두 마리를 사와 밥을 해주어서 행복했고, 잘했다고 칭찬해주었습니다.
• (토마스 형제는) 주일 아침이면 몸이 불편한 분들을 차량으로 성당에 모시고 오는 봉사를 오랫동안 하십니다. 함께 교대로 봉사하시는 이름 모르는 여러 형제님들도 칭찬하고 싶습니다.
• 몸이 아파 거동하기 불편할 때 (어느 자매가) 병원에 같이 가주고 여러

도움을 받아 칭찬합니다.

- 일을 다니며 힘든데도 중환자인 남편을 살뜰히 챙겨주는 (수산나 자매에게) 참 착하고 대단하다고 칭찬하였습니다.

- (미리암 자매에게) 세례 후 1년간 냉담했으나 다시 성당에 나와 주어 예쁘다고 칭찬하였습니다.

- 나이 80세에 혼자 살고 있어 쓰레기 치우기가 어려운데 (요안나 자매가) 우리 집에 찾아와서 쓰레기를 깨끗하게 치워주어서 고맙다고 칭찬했습니다.

- 따로 사는 쌍둥이 손자 손녀와 매일 저녁 전화로 함께 기도하는데, 아이들이 먼저 전화를 해주어서 고맙다고 칭찬했습니다.

- 90세 노모를 돌보며, 손주 손녀들을 보면서도 매달 두 번씩 반모임하는 (안젤라) 반장의 열심한 모습을 칭찬합니다.

- 올 여름 폭염 속에서도 평일미사 후 냉담자를 찾아가 주보와 평화신문을 전달한 (아나다시아 자매의) 모습을 몇 번이나 보면서 칭찬하게 되었습니다.

- 칭찬 스티커: 몸에 붙이는 용도로, 고래 이미지 활용하여 스마일 형태로 제작.
- 칭찬 현수막: 대성전 앞 벽에 길게 ("칭찬합시다!)
- 매월 두 번째 주일: 칭찬주일로 정함. 이날 칭찬 현수막, 칭찬 (고래) 스티커, 칭찬막대사탕(포장지에 칭찬내용이 담긴 작은 쪽지를 붙여줌)
- 칭찬 TF팀 가동: 매월 1회 모임
- 단체칭찬 프로젝트: 본당단체 간 칭찬하기. 많이 칭찬한 단체와 많이 칭찬받은 단체 시상

칭찬 실천 체험담 – 불광동 성당 11구역 (글라라)

처음에는 칭찬이 참 낯선 단어였어요. 남 칭찬에 인색한 남편조차도 묵상수첩을 쓰기 시작한 뒤 아침밥상 때마다 "오늘 반찬이 너무 맛있다."고 칭찬하는 말이 처음에는 낯간지러웠지요. 자꾸 반복하는 말에 나중에는 짜증이 나서 그만하라고, "묵상수첩을 쓰려고 마음에도 없는 소리 하지 말아요!" 하고 면박을 주었더니 쑥스러운지 그만하더군요.

저도 처음에는 남을 칭찬하기가 쉽지 않았답니다. 하지만 자꾸 하다 보니까 입버릇처럼 칭찬을 하게 되었어요. 그제야 남편을 이해하게 되고 "다시 칭찬 좀 해 달라."니까 "이젠 안하겠다."고 하더군요. 아마 면박을 준 것이 상처가 되었나봅니다.

어느 날 수영장에서 한 아우를 만났는데 단정한 모습이 아름다워 보였기에 "어머, 아우는 항상 머리 손질도 잘 하고 화장도 예쁘게 하고 다니는 것이 정말 아름다워요!" 하고 칭찬을 해 주었더니 기분이 참 좋았나 봐요. 금방 되돌아오는 대답이 "언니! 언니도 건강해지고 더 젊어지셨네요!" 하고 칭찬을 해주더군요. 서로 칭찬을 주고받으니 그날은 정말 하루 종일 기분이 좋았답니다. 이렇게 칭찬 한마디가 "고래를 춤 추게 할 만큼 기분이 좋은 거구나!" 새삼 느끼게 되었습니다.

그래서인지 조그마한 것을 보면 그냥 지나치지 않고 그때그때 칭찬을 하게 되었어요. 남편한테도 "오늘은 정말 멋있어 보이네요.", 아는 사람한테는 "어머, 오늘 의상 컨셉이 너무 멋있네요!", 유치원생 아이들을 보면 "어머, 너희들 너무 예쁘다."하며 칭찬이 절로 나오게 되더라구요.

"아~ 이래서 신부님께서 〈칭찬합시다〉를 묵상수첩으로 만드셨구나." 하고 새삼 깨달았습니다. 요즈음 살기 각박한 생활 속에 서로 칭찬하며 살아가는 것이 얼마나 따뜻하고 행복하게 하는 원동력이 되는지 새삼 느끼면서 앞으로도 서로 칭찬하며 살기로 마음먹었습니다.

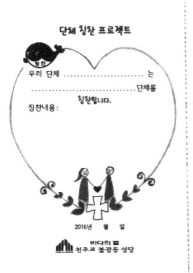

<단체 칭찬 프로젝트> 사례 (2016.6.12 ~ 7.8)

	구역	칭찬한 단체	칭찬받은 단체
1	일에 앞장서면서 은빛대학 식사준비를 하고, 구역장들이 연도, 입관식에 참석하는 것을 칭찬했습니다.	연령회	여성구역
2	추억의 기차여행을 비롯하여 궂은 일을 열심히 해주셔서 감사합니다.	여성구역·반, 현화회	남성구역
3	시각장애인의 미사참여를 도와주셔서 감사드리며 칭찬합니다.	여성구역·반	요셉회
4	소프라노화음이 맑아서 전체적으로 성가가 좋았다고 칭찬했습니다.	미사해설단	스텔라성가대
5	새벽에 남성분들의 힘 있는 성가를 들을 수 있어서 참 좋습니다.	제대회	대건성가대
6	주일미사 참례하느라 아침을 거르는 학생들을 위해 간식을 준비하는 자모들을 칭찬했습니다.	그룹성경	중고등부 자모회
7	처음 입교한 예비신자들에게 친절하게 교리를 가르쳐주고, 고민 상담까지 해주는 훌륭한 봉사단체라고 칭찬합니다.	군종후원회	함께하는 여정
8	미사 후 정리하는 모습이 아름답다고 칭찬합니다.	청년성서모임	청년레지오
9	밤, 낮 희생으로, 사랑과 인내로 주님을 말씀을 실천하고자 온 힘을 다해 봉사하는 모습이 참 아름답다고 칭찬합니다.	성령기도회	연령회
10	어린이들을 사랑으로 하느님께 이끌어 주기 위해 평소 주일학교와 기쁨잔치, 캠프 등 행사를 준비하고 봉사해주는 초등부 주일학교 선생님을 칭찬합니다.	반주단	초등부 주일학교 교사
11	성당 출입구 바닥이 고르지 못하여 많이 불편했는데 시멘트 공사로 편안한 길을 닦아주셔서 대단히 감사하다고 칭찬합니다.	인자하신 어머니pr	사목회

칭찬의 영성

칭찬이 영성적 차원을 지니는 이유는 인간관계 속에서 하느님의 사랑을 실천하는 수단이기 때문이다. 일반적으로 영성은 "나날의 삶 속에서 거룩한 신비를 살아낸 경험"[1]으로 정의 내릴 수 있다. 그렇다면, 칭찬의 영성은 '일상생활 속에서 언어 혹은 비언어 문화를 통해 하느님의 사랑과 이웃사랑을 실천하는 삶'이라고 규정할 수 있을 것이다. 우리가 칭찬의 영성을 살아갈 때 신앙생활이 성숙되고 풍요로워질 것이다.

칭찬의 영성은 성경말씀에 근거를 두며, 특히 예수님이 보여주신 칭찬 사례를 통해 이 시대에도 예수님의 칭찬을 재현함으로써 '칭찬하는 교회, 칭찬하는 신앙인'으로 인도한다. 성경에 나타난 칭찬사례를 통해 하느님과 일치를 이룬 인물들을 살펴보자.

예수님께서는 자기 종의 병을 치유해달라고 청한 한 백인대장의 완전한 믿음에 감탄하시며 칭찬해주신다. "내가 진실로 너희에게 말한다. 나는 이스라엘의 그 누구에게서도 이런 믿음을 본 일이 없다."(마태 8,10) 마찬가지로, 예수님은 마귀 들린 딸을 고쳐달라는 이방인 여인의 믿음을 보시고 크게 칭찬하신다. "아, 여인아! 네 믿음이 참으로 크구나. 네가 바라는 대로 될 것이다."(마태 15,28) 이처럼 예수님은 완전한 신앙고백을 하는 사람들을 아낌없이 칭찬하신다.

예수님은 죄인들을 칭찬해주시며 그들의 죄를 용서해주신다. 죄 많은 여인이 많은 사람들이 보는 앞에서 눈물을 흘리며 예수님의 발을 닦아드릴 때 그분은 그 여인의 용기 있는 행동을 칭찬하시며 용서해주신다.(루카 7,36-50) 또한 돈 많은 세관장 자캐오의 회개와 새로운 인생의 시작(루카 19,1-10)은 관심을 가지고 그를 인정해주시며 받아주신 예수님의 칭찬의 결과이다. 따라서 칭찬은 상대방 안에 하느님의 역사하심을 가능하게 하는 좋은 매개체이다.

바오로 사도는 에페소 신자들에게 보낸 편지에서 칭찬을 은총의 통로가 되기를 촉구한다. "여러분의 입에서는 어떠한 나쁜 말도 나와서는 안 됩니다. 필요할 때에 다른 이의 성장에 좋은 말을 하여, 그 말이 듣는 이들에게 은총을 가져다줄 수 있도록 하십시오."(에페 4,29) 남을 헐뜯고 비방하는 부정적인 말보다는 남에게 이롭고 도움을 주는 긍정적인 말을 하라는 말씀이다. 이러한 긍정적인 말이 곧 칭찬이다. 칭찬은 다른 이의 성장을 도와주는 좋은 말이며 동시에 하느님의 은총을 나누는 기회이다.

이제 교회 안에서 먼저 칭찬의 영성을 실천하여 칭찬문화를 형성해야 하며, 그것이 곧 하느님과 이웃을 사랑하는 방식이 되어야 한다. 칭찬문화가 확산될 때 이웃에게 기쁨을 주고 세상을 밝게 만들게 되어 이 땅에서 하느님 나라의 실현을 미리 앞당기게 될 것이다.

칭찬사목은 사람과 사람의 관계를 부드럽게 만들고 공동체 분위기를 밝게 형성한다는 점에서 효과적이다. 이런 칭찬문화사목이 정착되려면 신앙생활 속에서 꾸준히 실천해야 함을 기억해야 한다. 한두 달, 일이 년으로 끝나는 단기 사목이 아니라 오년, 십년을 내다보며 꾸준히 진행할 때 비로소 칭찬문화는 교회공동체 안에 자리 잡을 것이고, 신자들의 몸과 마음에 배어 자연스럽게 교회 공동체 분위기를 따뜻하고 끈끈하게 이끌 것이다. 그런 면에서 오래전부터 꾸준히 칭찬사목을 진행해온 필자는 언젠가 이 활동이 커다란 나무가 되어 한국 가톨릭교회 전체를 변화시킬 것이라고 믿고 있다. 한 사람의 칭찬이 나비효과처럼 다른 사람을 칭찬하게 하고, 또 다른 사람을 칭찬하게 하여 결국 이 사회 전체가 칭찬으로 물결칠 것이다. 멀리 있는 존재를 칭찬하기보다 가장 가까이서 매일 보는 대상을 매일 칭찬하는 것은 기도 습관만큼 중요하다. 칭찬의 사례로 변화된 공동체의 긍정 에너지를 필자는 믿는다. 모든 소공동체 모임에서도 칭찬은 키워드가 되었고, 매달 둘째 주일은 칭찬의 물결로 성전 안이 훈훈하다.

"사랑은 정직한 농사, 가장 깊은 곳에 심겨져 가장 늦은 날 그 싹을 틔운다."는 김남조 시인의 시 구절처럼 내가 그대에게 한 칭찬 한마디가 그대의 마음 속 깊이 담겨서 그대가 가장 힘들 때 작은 응원가로 울려 퍼질 것을 믿는다. 조용한 그대들에게 본당의 칭찬사목은 사랑 에너지를 충분히 전달한다고 믿는다. 믿음으로 모든 본당에서 칭찬사목을 진행해 보길 희망한다.

4장
성지순례사목

성지순례는 그리스도교 역사와 신앙 선조들의 발자취를 돌아봄으로써 오늘날 신앙인으로 살아가는 자신을 역사와 온 세상을 향한 복음화의 폭넓은 시선으로 성찰하게 한다. 영적 체험을 통한 깨침으로 새로운 인생을 열어주어, 하느님 나라 건설을 위해 행동하게 할 것이다. 특히 도보 성지순례는 몸으로 부딪히며 하느님의 음성을 듣고 묵상하는 소중한 계기를 마련해 준다.

들어가며

'다리가 떨릴 때 가지 말고 가슴이 떨릴 때 가라'는 말이 있다. 그만큼 성지순례는 미루지 말아야 할 소중한 가치가 있다. 우리 신앙에 큰 폭풍 같은 변화를 일으켜 새롭게 살아갈 힘을 준다.

'성지'는 성경 속의 주요 사건이나 배경이 되는 곳, 성모 발현지, 순교지, 이름난 성인의 탄생지, 활동지 등 모두 복음화의 중심이 될 수 있는 곳을 말한다. 교회법에 나온 순례란 '신자들이 교구직권자의 승인 아래 예수 그리스도를 따랐던 성인들, 순교자들을 공경하는 신심으로 순례하는 성당이나 그 밖의 거룩한 장소'를 말한다.

그럼, 신자들은 거룩한 곳을 왜 찾아 나설까? 현재 자신이 머무는 곳도 하느님께서 허락한 귀한 생명의 장소다. 본당의 성전 역시 거룩한 공간이다. 그런데 왜 굳이 시간을 내어 순례를 떠나는 걸까? 성지라는 신앙 현장을 찾아 생생한 신앙 이야기를 접할 때 신선한 충격 속에서 자신의 삶과 신앙을 객관화해서 바라보며 거룩함을 회복하는 가운데 새롭게 살아갈 힘을 얻는 계기가 되기 때문이 아닐까?

순례 역사를 간단히 살펴보면, 구약시대 이스라엘 백성은 하느님과 소통하거나 축복받기 위해 순례를 했다. 신약시대에는 예수 그리스도의 구원 사건에 동참하려고 그 사건이 일어났던 장소를 찾아갔다. 박해받은 공간인 로마 순례가 보편적이었고, 8세기에는 성지순례를 신자의 의무로 인식하여 관습화되기 시작했다. 종교개혁 이후에는 죄를 회개하는 차원에서 순례를 떠났고, 이때부터 신심의 형태로 자리 잡기 시작했다. 지금은 하느님께 대한 흠숭, 회개, 성인 존경, 내적 치유 등 영적 은총을 받기 위한 실천법으로 순례의 의미가 넓어졌다고 하니, 순례의 가치를 더 깊이 생각해 볼 필요가 있다.

이 장에서는 신앙 쇄신의 원동력이라고 일컫는 성지순례사목의 필요성과 개념, 실천방법과 효과 등을 이야기해보려 한다.

성지순례사목의 필요성

프란치스코 교황님은 서울대교구 성지순례길 축복 메시지에서 다음과 같이 격려하셨다. "순교성지 순례는 모든 이들이 순교자의 모범과 전구를 통해 예수 그리스도와 깊은 친교를 이루게 하고, 영원한 생명이라는 확실한 선물을 줄 것이라고 믿는다."[1] 이러한 성지순례의 효과를 인식하는 신자들이 늘어나면서 점차 사목적 필요성이 대두되고 있다.

성지순례사목이 필요한 첫 번째 이유는 우리가 사는 이 시대가 늘 변화하고 움직이는 '뉴 노마드 시대(the new Nomad Age)'라는 점이다. 지금까지 한 곳에 정주한 채 '집의 시대'를 살아왔다면, 이제는 유목민처럼 늘 새로운 곳을 찾아 움직이는 '길의 시대'로 전환되고 있다. 세계화와 새로운 커뮤니케이션 기술의 급속한 발전은 관광객과 순례자, 이주민과 난민 같은 여행자들을 양산해왔다. 여행자 중에 특히 순례자가 늘어나면서 성지순례에 대한 관심이 커지고 있다. 최근에는 스페인 산티아고 순례 여정이 각광을 받으면서 국내 성지순례길 개발이 더욱 활성화되고 있으며, 많은 신자들이 참여하는 순례문화가 정착하면서 성지순례에 대한 세심한 사목적 배려가 요청되고 있다.

성지순례사목이 필요한 두 번째 이유로는 신자들의 변화된 신앙생활 방식에 새롭게 사목적으로 다가서기 위해서다. 본당 울타리 안에서 복음화와 회개, 성찰과 새로운 변화에 대해서 강론하고 피정이나 특강을 마련하는 것도 중요하다. 그러나 목마른 신앙에 대한 갈증을 채워줄 수 있는 적극적인 방법으로 '성지순례' 사목이 절실히 필요하다. 최근 제도교회 안에서는 특히, 성당의 거룩한 장소에서 초월성을 오랫동안 경험해온 '정주의 영성(spirituality of dwelling)'을 대체하여 새로운 영적 수단을 탐구하고 거룩한 순간을 '개인적'으로 찾고자 '추구의 영성(spirituality of seeking)'에 주목하는 현상이 나타나고 있다.[2] 게다가 현대사회가 주 5일 근무제 실시로 쉬는 날이 늘고, 은퇴자와 실업자가 점증하며, 여가시간을 향유하려는 중·노년 여성들이 많아지면서 성지순례에 대한 참여도도 커지고 있다. 성지순례사목이 필요한 세 번째 이유는 성지순례가 늘어나면서 순례자들이 올바르고 의미 있게 순례할 수 있도록 안내하는 지침과 다양한 순례사목 프로그램에 대한 수요가 증가하고 있기 때문이다. 이미 주교회의 정기총회(2016.10.)에서는 "신자교육 차원에서 성지순례를 위한 체계적인 노력이 필요하다."며 '성지순례사목소위원회'를 두기로 승인하였다. 이처럼 시대적 요청인 성지순례사목이 교회 안에 새로운 교회문화로 정착되어 새로운 복음화를 견인하는 동력이 되어야 한다.

성지순례사목의 개념

순례는 여행의 일종이다. 여행은 낯선 장소, 사람, 사물을 만나 시야를 넓혀주고 새로운 것을 배우게 하여 여행자를 성장과 성숙으로 이끈다. 낯선 것은 불안함과 위험을 내포하고 있지만 새롭게 변화시켜준다. 낯선 타자와의 만남을 통해 자신을 (재)인식하게 해주기 때문이다. 그러나 순례는 낯선 것을 사물화·대상화하여 바라보는 관광과는 엄연히 다르다. 어느 여행지에서 우연히 눈에 띈 다음 문장이 잊히지 않는다. "Don't be a tourist, be a traveler!(관광객이 되지 말고 여행자가 되라!)" 그저 스쳐 지나며 일방적인 시선으로 볼거리를 찾는 관광객이 아니라, 조용히 묵상하며 마음속으로 낯선 것과 대화를 나누는 순례자에 방점을 찍는 말이다.

참으로 순례는 발로 걷는 행위이며, 낯선 것이 주체가 되어 말 걸어올 때 자신이 객체가 됨을 발견하고, 상호 주체가 되어, 상호 배움이 일어나면서 서로가 일치와 평화를 느낀다. 종교적 차원에서 보면, 예루살렘과 같은 거룩한 땅의 순례는 내면의 상처마저 치유해줄 수 있다. 트레킹에 이런 말이 있다. "하수는 걸으면서 사물을 만나고, 중수는 걸으면서 사람을 만나고, 고수는 걸으면서 자기 자신을 만난다." 그렇다면 성지순례자는 자신과 하느님을 만나는 '초고수'다.

세계화 시대인 오늘날 많은 사람들이 국내뿐 아니라 해외 성지를 찾아가고, 성지가 주는 의미와 가치를 공유하며 체험한다. 특히 새로운 삶으로 변화시켜준다는 면에서 순례문화가 중요시되고 있다. 최근 교회에서는 순례문화를 다양한 형태로 확대하고 재생산하여 본당신자들에게 상당한 영향을 주고 있다. 점점 확산되고 있는 순례문화에 대한 사목적 접근이 성지순례사목으로 구체화되고 있다.

성지순례사목은 본당신자들에게 순례의 본뜻을 알려주고 신심을 고양시켜 주며 공동체의 화합을 이끌어내는 지속적이고 체계적인 교회 신심활동이다. 성지순례를 더욱 활성화하고 신자 교육 차원에서 사목에 반영할 때, 신자들은 성인이나 순교자들의 삶과 신앙을 본받게 되고 예수님을 따르려는 원의와 열정을 보이게 된다. 특별히, 양적으로 급성장해온 한국 천주교회는 최근 들어 세속화, 중산층화, 교회 권위주의 등 위기 징후를 보이고 있다. 이러한 때에 성지순례사목은 교회의 위기를 극복하고, 질적이고 영적인 성장을 위한 견인차 역할을 할 수 있다.

한국교회가 성지순례를 사목 차원에서 수용하고, 실천사목 중 하나로 '성지순례사목'이라는 명칭을 공식적으로 사용한 지는 불과 몇 년 되지 않는다. 필자는 이미 친서에서 성지순례사목을 문화사목 중 하나로 소개한 바 있다.[3] 앞으로 본당 차원의 성지순례사목이 활성화되어, 많은 신자들이 성지순례를 일상 안에서 쉽게 체험하고 예수님의 제자로 살아가는 역량을 키워야 할 것이다.

성지순례사목의 실천방법

개인 차원의 성지순례

신자 개인이 성지를 찾아다니는 '나 홀로' 순례방식이다. 성지에서 침묵과 고요 속에 충분한 시간을 보내며 자신의 내면을 들여다볼 수 있다. 친구 몇 명이 함께 성지순례를 할 수도 있다. 개인 차원에서 사적으로 조용히, 아무 간섭 없이 원하는 장소를 선택하여 자유롭게 다니는 방식이다. 개인 차원의 성지순례는 시간이나 장소의 속박 없이 자유롭고 유연하게 움직일 수 있다는 장점이 있다. 그러나 지속적인 순례가 되지 못할 우려가 있고, 성지에 대한 전반적인 이해를 얻지 못하는 단점이 있다.

본당차원의 성지순례

본당에서 성지순례를 사목 프로그램으로 시행할 경우, 크게 국내
와 해외 성지순례로 나뉜다. 국내 성지순례는 기존 본당모임이나 전
신자를 대상으로 한 사목 프로그램이 있고, 성지순례를 목적으로
정기 성지순례단을 만들어 운영하는 경우도 있다. 해외 성지순례는
본당 신자들 가운데서 참가자를 모집하여 구성된 일시적인 성지순
례단으로, 대개 본당신부 지도로 함께 한다.

- 국내 성지순례
① 본당 소공동체 모임이나 기존 단체
② 본당 성지순례단
③ 본당 전체 신자 성지순례 : 버스나 기차 이용

- 해외 성지순례
본당에서 성경공부를 마친 다음 현장체험 형식으로 참석자들 가
운데 희망자를 받아 다녀오는 경우가 있다. 또는 매년 정기적으로
해외성지순례를 시행하는 방법도 있다. 이스라엘/로마 순례와 성모
님 발현지 순례는 가장 기본 패키지 코스이고, 성인들의 발자취를
따라서 떠나는 이태리 순례나 발칸반도와 메주고리에 순례 같이 특
화 프로그램으로 짜인 성지순례도 있다.

- 서울대교구 불광동 성당 사례

불광동 성당은 2012년 가을에 '우하하 성지순례단'을 창단하여 매달 셋째 주 토요일에 버스 1대로 시작하였다. '우하하'라는 이름은 '우리는 하느님 하나'라는 의미로, 본당신자 대상으로 참가자를 모아 순례를 했다. 그러다 점차 시간이 지나면서 인근 성당에도 알려져 제3은평지구 차원으로 확대되어, 한 본당의 울타리를 넘어 신자 간에 친교를 나누는 자리가 되었고, 나아가 다른 지구 신자들도 참여하여 초본당적인 순례단으로 변화되었다. 현재 매달 한 번씩 순례할 때마다 90명에서 100명 정도가 참여하고 있다. 이렇게 자리 잡기까지 단장과 봉사자들의 헌신적인 봉사가 없었다면 불가능했을 것이다.

주교회의 국내이주사목위원회에서는 전국 111곳을 모두 성지순례하면 담당 주교님이 축복장을 주는데, 2015년 가을에 '우하하 성지순례단'에서 43명이 완주를 하여 축복장을 받았다. 모든 성지를 완주한 1기 순례단은 이후로도 계속 성지를 순례하고 있고, 제2기 순례단이 결성되어 계속 순례를 진행하고 있다.

최양업 신부 선종 150주년 기념성당 베티순교 성지를 방문한 우하하 성지순례단

성지순례를 위한 고려사항

성지순례란 '몸으로 하는 독서'라는 말이 있다. 독서를 할 때 사람은 온 마음을 집중한다. 책을 읽기 전부터 마음의 준비를 하듯이, 성지순례 역시 '내적 준비'가 가장 중요하다. 각자 고해성사를 받아 깨끗해진 마음으로 떠나도록 안내한다. 또한 가고자 하는 성지의 역사를 충분히 알고 어떤 점을 본받을 것인지, 어떤 삶을 지금의 자신이 이어갈 수 있을지 생각하도록 이끈다. 무엇보다 나 홀로 성지순례보다는 공동체 성지순례가 중요하다. 그래서 본당차원에서 '성지순례단'을 결성하는 것이다. 매달 한 번이나 분기별 한 번이라도 좋다. 공동체가 함께 움직일 때 은총의 깊이는 몇 배 더 클 것이다. 본당에서 어느 정도 지원이 될 때 더 많은 신자들이 움직일 수 있을 것이다. 그리고 반드시 성지순례 후기를 나누는 시간을 마련하여 다녀온 후에 어떤 삶의 변화가 찾아왔는지 함께 나누면 성지순례의 보람을 느낄 것이다.

· 순례자들을 위한 조언[4]

· 순례 전에 한국교회사, 순교자(성지)에 대해 공부한다.
· 단체순례를 할 때는 성지로 가는 차 안에서 기도한다. 공부한 신자가 성지를 미리 안내해주면 좋다.
· 정장까지는 아니더라도 복장을 단정히 한다.
· 성지에서는 잡담을 삼가고 한나절 가까이 머물면서 기도(주모경,

사도신경, 성인 호칭 기도 등)를 바친다.

· 순례 후에는 자신이 성지에서 무엇을 보고 느꼈는지 되새겨본다.

· 성지 미사를 봉헌하지 못했다면, 인근 성당·공소에서라도 미사를 봉헌한다.

· 순례를 마치고 돌아오는 길도 순례 여정이다. 돌아오는 차 안에서 여흥을 즐기거나 술을 마셔서는 안 된다.

성지순례사목의 효과

성지순례사목은 신자들이 성지순례를 뜻있게 체험할 수 있도록 안내하고 도와주기 때문에, 올바른 순례로 이끌어준다. 이러한 사목적 배려로 성지순례에 참여하는 신자들은 신앙생활에 큰 도움을 받는다. 4개월 만에 전국 성지 111곳을 순례한 70대 할머니 네 분의 이야기는, 성지순례가 그들의 신앙생활에 얼마나 큰 영향을 미쳤는지 알려준다. 순례를 통해 받은 감동이 아직도 생생하다는 이 할머니들은 하느님만 믿고 따랐던 신앙선조들의 뜨거운 믿음 안에서 은총의 시간을 돌이켜보며 자신의 부족함을 반성하기도 했다. 다음은 그들의 체험담이다.[5]

"세상의 모든 것은 하느님의 것인데, 저는 가진 것이 많아도 아까워서 나누지를 못했어요. 내려놓고 나눠야함을 깨달았습니다."

"하느님께서 늘 함께하심을 느꼈어요. 하느님을 위해 목숨을 바친 순교자들처럼 살진 못해도 매일 매일 그분들의 믿음을 따라 살겠다는 다짐을 했어요."

일 년에 몇 번 떠나는 성지순례일지라도 준비를 잘하고 성지에서 강한 영적 변화를 체험하고 돌아오면 몇 개월 동안 그 효과가 이어진다. 영적 생활에 활력을 불어넣어 주고, 더 적극적으로 하느님을 따르고 사랑하며 그분의 뜻을 실천하려 노력하게 된다. 그래서 몸으로 부딪혀 하는 체험은 중요하고 필요하다. 특히, 다른 신자들과 함께 하는 성지순례는 친교를 나누게 하여 본당을 일치의 공동체로 이끌어주고, 서로 격려하고 위로하는 치유 역할을 하기도 한다.

나오며

눈에 안 보이는 것을 찾아나서는 것이 성지순례라는 말이 있다. 순교의 고통에 동참하기 위해서는 주리를 틀며 뜨거운 인두를 몸에 대는 형벌을 상상하는 것만으로도 가능하다. 나아가 순교 성인들이 걸었던 길을 순례하는 것만으로도 내적으로 숙연해지고 현재의 안온한 삶을 돌아보게 된다. 그러니 성지순례는 걷는 체험만으로 충분히 자신을 돌아보고 예수 그리스도의 발자취를 따라간 순교 성인들의 신심을 느낄 수 있게 해준다. 중요한 것은 마음자세이고 내면의 준비이다.

필자는 본당신부로서 본당 공동체에 커다란 활력을 제공하고 신자들의 신앙생활을 변화시킬 수 있는 큰 힘이 성지순례에서 나온다는 것을 체험하였다. 충분한 준비와 노력으로 먼 곳까지 다녀오면서 굳은 신앙이 말랑말랑해지고 새로운 관점에서 자신과 공동체를 바라보며, 무엇보다도 생기 넘치는 공동체를 이끌어가는 힘이 있음을 체험하였다. 국내 성지순례를 통해 신자들은 한국교회의 역사에도 관심을 가질 것이고, 영적 체험을 통해 얻은 깨달음으로 새로운 인생을 펼칠 것이며, 그 열매는 하느님 나라 건설의 밑바탕이 되리라 믿는다. 특히 도보성지순례는 몸으로 부딪히며 하느님의 음성을 듣고 묵상하는 시간을 갖게 해주므로 적극 권장하는 바이다. 아울러 청소년이나 청년들과 함께 순례 길을 떠남으로써, 교회공동체의 전 신자가 성지순례의 참맛과 깊이를 깨달아 신앙생활을 더욱 생동감 있게 해나가길 희망한다.

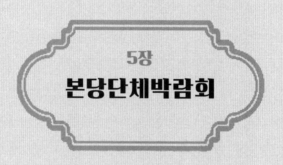

5장

본당단체박람회

예수님이 제자들과 동행하시고 초대교회가 공동체를 이루었
듯이 교회는 살아 움직이는 유기체로서 하느님 나라를 살고
세상을 복음화해야 할 것이다. 본당단체박람회는 교회의 활성
화와 구성원의 연대를 위한 좋은 방편이다. 무관심하거나 소
극적인 신자들에게 본당단체에 가입할 기회를 주어 신앙 안에
서 서로 연대하도록 도와주기 때문이다.

본당을 움직이는 큰 힘은 '단체'에 있다. 예수님도 제자단과 함께 하느님 나라 운동을 펼치셨다. 시골마을 입구에 보이는 수백 년 느티나무를 연상해 보면 안다. 그 나무의 뿌리는 수십 갈래로, 어떤 것들은 땅속 깊이 뻗어나가고, 다른 것들은 땅 위로 올라와 나무기둥과 줄기를 떠받친다. 본당의 단체는 이 뿌리들과 같은 역할을 한다. 그러니 본당단체사목을 효과적으로 펼치면, 가지가 무성해지는 것은 물론이고 열매 또한 풍성해질 것이다. 신자들은 친교, 선교, 활력과 같은 낱말에 더욱 친숙해질 것이다.

현실적으로 본당단체에 가입하여 활동하는 신자는 전체 신자 수에 비해 매우 적다. 본당공동체에 소속되어 주일미사는 다니지만, 단체 활동을 꺼리거나 어떤 단체가 있는지도 모르는 신자도 있다. 본당단체가 활성화될 때 본당공동체도 성장할 수 있다고 인식하는 사목자는 신자들이 단체에 가입하여 활동하도록 여러 가지 방법으로 권유할 것이다. 신자들이 단체 활동에 관심을 가지고 적극 참여할 수 있도록 유도하는 방법 중 하나로 '본당단체박람회'를 개최하면 어떨까? 본당 사목자가 사목위원들과 단체장, 그 외 관련 대표자들과 함께 이를 계획하고 실행해본다면 예상치 못한 엄청난 단체 신규가입자 수에 놀라움을 금치 못할 것이다. 이 장에서는 '본당단체박람회'의 필요성과 개념, 구체적인 실천 방법과 효과를 차례로 살펴보고자 한다.

본당단체박람회의 필요성

각 본당에는 봉사단체, 신심단체, 친교단체에 이르기까지 꽤많은 단체가 있다. 본당 신자들이 본당 단체들에 대해 잘 모르고 있고, 더 심각한 것은 본당 신자들 중 20% 정도만 단체 활동에 참여할 뿐, 나머지는 주일미사만 참례한다는 사실이다. 그러니 80%의 신자들이 좀더 적극적으로 신앙생활을 할 수 있는 장을 마련할 필요가 있다. 더 나아가 점점 늘어나고 있는 쉬는 교우들을 기존 단체나 동호회에 가입하게 하면, 본당공동체가 활성화되리라 예상된다.

일반적으로 사목자는 미사 중 공지시간을 활용하여 단체 가입을 권유하거나 개인적인 만남을 통해 신자들에게 적합한 단체를 추천한다. 그러나 단체 가입을 권유하는 이러한 재래적인 방식에는 한계가 있다. 문화의 시대를 살아가는 신자들을 위한 새로운 형식으로 단체박람회를 개최하는 것은 새로운 관심을 불러일으킬 것이다. 그것이 신자들에게 감성적인 효과를 낳을 수 있기 때문이다. 특히, 한국 사람들은 자신이 원하는 단체가 있어도 자발적으로 찾아가서 가입하려고 하지 않는 소극적인 경향이 있다. 그렇지만 지인이 여러 차례 단체를 소개하거나 단체에 가입시켜주면 마지못해 동의하는 '고맥락 문화'[1]에 익숙하다. 단체박람회는 이러한 문화적 맥락을 잘 이해하면서 단체 가입을 권유하도록 계획과 전략을 세우는 데 큰 도움이 될 수 있다.

본당단체박람회의 개념

'본당단체박람회'란 본당의 많은 단체를 일반적인 박람회[2] 형식을 빌려 본당 신자들에게 소개하여 원하는 단체에 가입시켜 본당 활동을 하도록 유도하기 위한 하나의 방식이다. 박람회란 특정 시간과 장소에서 하나의 주제를 가지고 관련 기업체나 인력이 각자의 전시공간을 활용하여 자신의 아이템을 전시·홍보하고 판매나 계약을 맺게 해 주는 거대한 틀이다.

교회 안에 세속적인 박람회라는 문화 틀을 활용하여 본당단체를 활성화하고자, 본당단체박람회라는 새로운 형식을 빌려온 것이다. 따라서 본당단체박람회는 엄밀히 말하면 '문화를 통한 사목'의 일종이다. 박람회 문화를 본당단체사목에 접목한 새로운 교회문화인 셈이다. 새로운 교회문화로 부상한 본당단체박람회는 본당 교우 한 사람이 한 단체 이상 가입하여 활동함으로써, 신앙생활을 풍요롭게 하고 단체 간 이해를 도모하며 각 단체와 본당공동체의 활성화를 이루는 데 목적을 둔다.

구체적인 실천 방법: 불광동 성당 사례

사전 교육

본당단체박람회에 참여할 본당 사목위원, 구역장과 반장, 단체장과 단체원, 그리고 동호회 회장과 회원들에 대한 사전 교육이 필요하다. 문화사목의 일종인 본당단체박람회가 왜 본당사목에 필요한지, 그 개념은 무엇이고 어떤 방식으로 수행해야 하는지 알려준다. 단체박람회에 대한 의식화 교육이 잘 될 때, 소기의 성과를 낼 수 있기 때문이다. 더 나아가 본당단체박람회 진행을 위한 전체적인 계획과 전략, 실행방안을 모색해야 한다.

박람회 전시공간(부스) 설치

신자들이 가장 많이 참석하는 주일의 9시 미사와 11시 교중미사 때 단체박람회를 실시한다. 장소는 본당 휴게실부터 마당까지 넓게 잡는다. 각 단체별로 자리 배정을 하여 전시공간을 설치하도록 한다. 가장 중요한 핵심은 미사를 봉헌하고 나오는 신자들이 모든 전시공간을 지나가도록 동선을 만들어 놓는 것이다. 만약에 성당 밖으로 나가는 길이 여러 군데라면 전시공간이 설치된 곳으로 지나갈 수 있도록 다른 길을 막아야 한다. 각 전시공간을 만들고 현장 이벤

불광동 성당 단체박람회 선포식

불광동 성당 단체박람회 활동모습

트나 현장 매체를 통해 홍보하고 가입 신청을 받는다.

단체 소개 방식들

단체 소개를 담은 소책자인 브로슈어를 만들어 각 단체에 대해 설명하거나 직접 몸으로 단체 활동을 시연하고, 단체복을 갖춰 입거나 단체 활동 결과물을 제시하기도 한다. 또 단체이름이나 로고가 적힌 기념품을 주거나 활동사진을 전시하기도 한다. 이렇게 단체원들이 해당 단체 정보를 제공하는 데 적절한 수단과 방법을 동원할 때, 최대 효과를 올릴 수 있다. 어떤 곳에서는 밴드를 초청하여 노래를 부르거나 음악을 들려주고, 어떤 곳은 차를 한 잔씩 나누어주기도 한다. 필사적인 '호객행위'(?)도 있다. 단체원 자신이 복음이나 눈에 보이는 사랑이 되어 회원을 모으려는 것이다. 그러다보면 하느님을 떠나려던 사람도 회개를 통해 다시 하느님을 뵙게 될 것이다.

단체박람회를 실시한 본당
- 역촌동 성당(2011)
- 수원교구 용문 성당(2011)
- 오류동 성당(2012)
- 인천교구 상1동 성당성당(2014)

단체박람회를 실시한 평신도사도직단체협의회
- 서울대교구 평신도단체박람회(2015)

본당단체박람회의 효과

- 사목자와 단체장의 사목적 열의와 발상의 전환으로, 단체회원 확보를 위한 단체박람회를 통해 새로운 교회문화를 창조하고 확산

하는 계기가 된다.

- 본당공동체뿐 아니라 단체 활성화에 기여하여 친교공동체를 만든다.
- 단체박람회로 최소한 150~200명 정도의 신자들이 단체에 새로 가입하게 된다.
- 1인 1단체 가입은 쉬는 교우 발생을 예방하는 데 더 없이 좋은 방법이다.
- 갓 세례를 받거나 타지에서 이사 온 신자들은 본당에 아는 사람이 없어 이내 흥미를 잃고 쉬는 경우가 적지 않다. 이들에게 단체 활동은 기존 교우들과 자연스런 유대관계를 맺으면서 낯선 본당 문화에 적응하도록 도와줄 것이다. 주말이면 미사참례를 나 몰라라 하고 야외로 빠져나가는 '레저족'도 불러들일 수 있다.

본당단체박람회 개최 소감

"모든 본당에 단체박람회를 강추한다."

올 4월 초 주일미사 후 역촌동 본당에서 단체박람회를 개최하였다. 성당 마당은 각 단체 홍보부스와 눈에 띄는 플래카드로 메워졌고 신자들로 북적거렸다.

청년성가대와 연령회를 비롯하여 색소폰·볼링·낚시 동호회 등 31개 단체들이 회원 모집에 열을 올렸다. 11개에 이르는 동호회는 저마다 특색을 살려 홍보에 재미를 더했다. 이날 박람회에서 단체에 새로 가입한 신자 수는 300여 명이나 되었다. 중복 가입을 고려해도 예상치 못한 풍성한 결실이었다. 특히 봉사단체인 연령회와 카리타스회 가입자가 많았다. 등산 동호회는 새 단원 38명을 맞이하였고, 단원이 부족해 고심했던 단체들도 신바람이 났다.

어느 본당 신자는 다음과 같이 말했다.

단체박람회

Tip!

- 축제 분위기를 연출한다. (먹거리 판매 병행)
- "1인 1단체 가입"이라는 선전표어를 내건다.
- 행사 기간 : 20─년 ─월 ─일 9시 미사 후 (예상 10:00~ 14:00)
- 행사 장소 : 성심홀, 본당 주차장
- 행사 주체 : 각 개별 단체 (행사 총괄 진행 : 본당 사목회)
- 성당 마당 임대 천막 설치 (본당 사무실 – 외부위탁)
- 천막 내 각 단체별 박람회 부스 설치
- 주보 간지로 본당 모든 단체 설명 게재
- 단체명 홍보용 Board부착 – 통일 규격, 배너에 인쇄할 단체명
- 홍보문구는 1줄 15자 내외로 하며 사목회에 제출.
- 단체설명서, 단체부스에 사용될 탁자는 각 단체에서 준비.
- 단체별 3인 이상 박람회에 참가하여 안내 및 회원모집.

"단체박람회를 통해 동호회에 가입하여 좋은 분들을 만나서 좋았습니다. 제 남편은 신자가 될 생각이 전혀 없었는데 단체박람회에서 동호회에 가입하더니 스스로 영세를 받고 열심히 주일 새벽미사에 다닙니다. 제가 아는 분도 동호회를 통해 영세를 받게 되었다고 합니다."

나오며

'교회공동체'라는 말이 있다. 초대교회 역시 공동체였다. 하느님께서는 둘 이상 모인 곳에 늘 함께 하신다고 약속하셨다. 이처럼 단체는 교회공동체의 근원이다. 그러니 단체가 튼튼하고 활기 넘치면 교회 분위기도 따라갈 것이다. 단체가 움직이려면 최소한 몇 명 이상이 모인 공동체가 형성되어야 한다. 본당신부가 나서서 단체를 움직이려 하거나 미사 강론 끝에 단체를 소개해 본들 큰 효과가 없었다. 하지만 본당단체박람회는 교회가 살아 꿈틀거리는 유기체로서 역량을 제대로 발휘하게 해주었다. 별 관심 없던 신자들도 적극적인 단체 홍보에 귀 기울이게 되고, 평소 단체에 가입하고 싶었지만 망설이던 이들에게는 기폭제가 되었을 것이다.

'빨리 가려면 혼자 가고, 멀리 가려면 함께 가라'는 말이 있듯이, 본당공동체 일원으로서 혼자 조용히 미사 참례하고 바로 귀가하는 신자보다는 본당공동체에 소속된 사람으로서 존재감을 느끼는 길을 찾는 것도 하느님의 마음을 읽는 진실한 길이 아닐까? 너는 나의 거울이고, 나는 너의 거울이다. 그러니 '나 홀로' 신앙생활에 익숙해진 신자가 있다면 이번 기회에 본인에게 가장 잘 맞는 단체를 선택해 문을 두드려 보자. 포도나무도 여러 알맹이가 모인 포도송이들로 이루어져 있지 않던가! 하느님께서는 우리가 당신 품 안에서 하나 되어 당신의 뜻을 이루기를 바라시며 기다리신다. 그러려면 신앙 안에서 서로 연대하는 것이 필요하다. 그 가장 좋은 방법이 바로 단체 활동이다. 어떤 단체든 좋다. 보이지 않는 하느님을 세상에 증거 할 기회는 단체 안에서부터 시작된다. 그런 의미에서 '본당단체박람회'를 통한 문화사목은 본당 공동체에 꼭 필요한 사목이라고 할 수 있다.

6장

디지털문화사목

현대인들은 여러 디지털 채널을 통해 상호 소통하고 있다. 신앙생활에 필요한 지식과 지혜를 구하고, 자신의 의견을 표현하며, 다른 이들의 생각과 신앙체험을 공유한다. 각종 가톨릭 문화를 향유하기 위해서는 교회공동체도 디지털 문화를 활용하는 것이 필요하다. 그러나 디지털 중독, 사이버 폭력, 성찰과 반성 능력 저하, 기도시간 감소 등 부정적인 면을 충분히 고려해야 할 것이다.

디지털 시대의 새로운 복음화

일상화되고 세계화된 디지털 문화는 신앙생활에 막대한 영향을 미치고 있다. 예를 들면, 미사 전례에 매일 미사나 가톨릭성가 앱 같은 가톨릭 애플리케이션을 사용하는 신자들이 늘어나면서 전례 참여나 교회 관련정보 획득에 도움을 받고 있다. 물론 미사 중 휴대전화가 너무 자주 울릴 경우 분위기가 나빠진다는 문제점도 간과할 수 없다.

어느 성직자는 본당에 부임하는 즉시 카카오톡 연락처에 모든 단체 봉사자의 전화번호를 입력하여 자신의 강론을 보내거나 본당 소식을 전하는 열정을 보인다. 대체로, 본당 홈페이지나 카페 혹은 애플리케이션을 이용하면 본당소식, 주보, 강론, 사목자료, 본당 행사 관련 사진들과 동영상을 접할 수 있다. e-러닝을 통해 성경공부나 인터넷교리도 가능하다. 너무나 다양한 디지털 플랫폼과 콘텐츠가 사회와 개인에게 연결된 디지털 환경에서, 교구나 본당은 디지털 문화를 선교와 사목에 적극 수용하고 접목하여 새로운 시대의 새로운 복음화를 수행해야 할 것이다.

디지털문화사목의 필요성

교회는 커뮤니케이션과 소통을 '현대의 첫째가는 아레오파고'라고 규정한다.[1] 아레오파고는 아테네 지식인들의 문화관이며 오늘날 복

음 선포의 새로운 분야를 상징한다. 특히 디지털 문화가 세계화되고 대중화되면서 세대 차이를 뛰어넘는 모든 사회 구성원이 스마트폰과 소셜 미디어에 접속하는 추세다. 교회 역시 모든 직무와 활동을 수행하는 데 디지털 문화의 영향에서 벗어날 수 없다.

본당 공동체는 각종 디지털 미디어나 플랫폼을 활용하여 본당 활성화와 복음화를 추구해야 한다. 사목자와 신자, 단체들, 신자들이 서로 간에 휴대전화, 이메일, 문자메시지, 카카오톡, 본당 홈페이지나 카페 등의 여러 채널을 통해 상호 소통하고 있다. 또한 본당은 공동체 의식과 소속감을 함양하기 위해 온라인 공동체를 활성화시킬 필요가 있다. 소식과 정보를 나누고, 성경을 함께 쓰고 서로 기도해주며, 친교와 봉사의 장을 형성할 수 있다. 신앙생활에 필요한 지식과 지혜를 구하고, 자신의 의견을 표현하며, 다른 이들의 생각과 신앙경험을 공유하고, 각종 가톨릭 문화를 향유하기 위해서는 디지털 문화의 활용이 필수적이다. 그러나 디지털 문화가 교회와 구성원에 끼치는 폐해도 크다. 디지털 중독, 사이버 폭력, 성찰과 반성 능력 저하와 기도시간 감소 등의 부정적인 면에 대해 본당 공동체는 사목 대책을 세워야 한다.

디지털문화사목의 이해

디지털 문화는 디지털 미디어 기술이 등장하면서 그것을 사회와 개인이 수용하는 가운데 형성되고 정착된 것이지만, 가상공간에서 벌어지는 온라인 공동체와 삶, 온라인게임 양상, 인터넷을 매개로 한 문화 현상을 포함한다. 디지털문화사목은 교회가 사회에서 일상화되고 대중화된 디지털 문화를 선교와 사목에 수용하고 접목하는 방식이다. 이것은 활용과 비판이라는 두 가지 차원에서 실천할 수 있다. 디지털 문화 활용의 차원은 '디지털 문화를 통한 사목'이고, 디지털 문화의 비판적 접근은 '디지털 문화에 대한 사목'이다.

디지털 문화를 통한 사목

교회는 일상문화로 자리 잡은 디지털 문화를 적극 수용하여 복음적 가치를 드러내고, 새로운 교회문화 창조와 확산을 통해 세상을 복음화하는 데 투신해야 한다. 교황 베네딕토 16세는 홍보주일 담화문을 통해 스마트 및 소셜 미디어가 개인과 인류 전체의 선을 위하여 사용되어야 한다고 강조하였다.

복음을 선포해야 하는 사제는 디지털 커뮤니케이션 세계에서 복음의 충실한 증인이 되어, 디지털 시장이 제공하는 여러 '목소리'로 자신을 더 많이 표현하는 공동체의 지도자로서 바른 역할을 수행해야 한다(2010).

따라서 사제는 최신 커뮤니케이션 미디어인 사진, 비디오, 애니메이션, 블로그, 웹사이트, 스마트미디어, 소셜 미디어 등을 적극 활용하여 복음을 선포할 과제가 있다.

디지털 문화를 수단과 도구로 이용하는 디지털문화사목은 디지털 문화가 교회 안팎의 복음화를 위한 매개 역할을 하며, 동등한 입장에서 상호 소통하는 원리를 기초로 한다. 교회 조직이나 구성원은 인터넷 홈페이지, 인터넷 카페, 문자메시지, SNS, 모바일 애플리케이션, 팟캐스트, 인스턴트 메시지 등을 통해 복음을 선포하고 대화하며, 신앙 관련 정보를 공유하고, 다양한 형태의 신앙실천을 접한다. 본당에서 다양한 디지털 미디어를 활용하는 구체적인 사례를 제시해본다.

본당 홈페이지

많은 본당이 웹1.0 기반 홈페이지는 구축했지만 웹2.0 이후 시대에 들어서면서 활용도가 떨어지고 있다. 거의 모든 본당 홈페이지가 폐쇄적이고 불편하며 사용자의 고령화로 공지사항 전달과 약간의 행사를 안내하는 정도에 그치고 있다.

본당 인터넷 카페, 본당 애플리케이션, 본당 소셜 미디어

본당 홈페이지 구축의 막대한 비용과 관리의 어려움 때문에 대안으로 '다음', '네이버', 혹은 '가톨릭굿뉴스'를 활용한 카페 개설이 일반적으로 실행되고 있다. 그 외 별도로 본당 애플리케이션을 만들어 신자들로 하여금 스마트폰에 다운받아 사용하게 할 수 있다. 예를 들어, 서울대교구 정릉4동 성당이나 대전교구 전민동 성당에서 만든 애플리케이션에는 공지사항, 주보, 단체게시판, 기도, 미사강론, 자유게시판, 사진 앨범 등의 항목들이 있다.

교구 모바일 애플리케이션

서울대교구는 2010년 종교계 최초로 성경과 매일미사, 가톨릭성가 등의 애플리케이션을 개발, 보급하였다.[2] 그 후 계속 계발하여 2015년 현재 아이폰 16개, 아이패드 5개, Mac 가톨릭 통합 애플리케이션, 안드로이드OS 13개, 바다OS 3개의 스마트폰 애플리케이션을 제공 중이다.[3] 굿뉴스 모바일 웹에서는 아래 그림과 같이 가톨릭성경 (성경듣기), 매일미사(매일미사 듣기), 성무일도, 기도문, 가톨릭성가, 가톨릭성인, 가톨릭성지, 가톨릭사전, 가톨릭주소록, 본당정보(서울대교구정보), 내주변본당, 가톨릭뉴스, 가톨릭팟캐스트, 사목수첩, 정보를 제공하고 있다.

전민동성당 애플리케이션

정릉4동성당 애플리케이션

서울대교구 애플리케이션

가톨릭 매일기도 알람 애플리케이션

한국가톨릭 모바일 애플리케이션 중에는 기도 시간을 알려주는 '가톨릭 매일기도 알람' 애플리케이션도 있다. 바쁜 생활 중에 기도 시간을 놓치지 않게 하여 일상과 신앙을 이어주는 다리 역할을 해준 다. 이 애플리케이션에는 삼종기도, 아침기도, 식사 전/후 기도, 일을 시작하 며/마치며 바치는 기도, 저녁기도 등 기도문 7개가 수록되어 있다. 원하는 기도문을 클릭해 개별적으로 알람 시간을 설정하고, 해당 시간에 기도문을 보며 바치면 된다.

소셜 미디어 활용

현재 로마에서 유학 생활하는 서울대교구 소속 진슬기 신부는 페이스북을 통해 '교황님 강론 동영상'을 올려 많은 수용자들에게 회자되고 있다. 권고나 딱딱한 원고보다는 동영상을 통해 생생히 교황님 말씀을 접할 수 있을 뿐 아니라, 한국어로 번역되어 공유되기에 더더욱 긍정적인 효과가 있다.

트위터나 페이스북 외에 한국에서는 단체나 개인이 카카오톡,[4] 카카오스토리,[5] 네이버 밴드,[6] 인스타그램[7] 같은 SNS를 상당히 많이 사용한

가톨릭 매일기도 알람

다. 특히 카카오톡과 네이버 밴드는 신자들이 매우 쉽게 그룹을 형성하여 정보를 교류하는 폐쇄형 집단을 만들기 때문에, 교회 공동체를 비롯한 일반 사람들이 가장 선호하는 SNS이다.

인터넷 방송

현재 한국가톨릭교회에서 운영되는 인터넷 방송은 생활성가와 전례 중심의 라디오 방송이 주류를 이루고, 일부 수도자나 사목자, 청소년 사목담당자 등이 팟캐스트 형식으로 운영하는 서비스가 대다수다.

서울대교구 문화홍보국은 현재 5가지 팟캐스트 형식으로 인터넷 방송을 제공한다. 소리매일미사는 2012년부터 시작, 매일 당일 미사 독서와 복음을 들려준다. 생명의 말씀은 한 주간의 복음과 강론을 전해주고, 말씀의 이삭은 팟캐스트 진행자가 서울주보 '말씀의 이삭'

란에 기고했던 문화예술인들을 만나서 진행하는 대담이다. '지영 & 지영 교리쇼'는 사제와 진행자가 평소 궁금했던 교리상식을 쉽고 재미있게 해설한다. '명동살롱'은 가톨릭교회의 주요 현안부터 소소한 신변잡기까지 가톨릭 뉴스를 재미있게 전해준다. 가장 최근에 개설된 '수도원 책방'은 성바오로 수녀와 수사가 만드는 팟캐스트로, 교회 안팎의 책을 중심으로 음악과 영화, 문화 이야기를 복음적 시각에서 나누는 따뜻하고 희망에 찬 책방이다.

수원교구 홍보전산실의 '말씀따라(성경읽기)', 춘천교구 인터넷 방송국, 광주대교구 소리주보, 부산교구 홍보동영상 등이 눈에 띈다. 또 새천년복음화사도직협회의 '복음화학교', 광주평화방송의 오늘의 강론, 전주교구 인터넷 방송국 J.C.T.V, 청주교구 이중섭 신부의 평일 강론도 들을 만하다. 대중적 인기를 누리는 인천교구 차동엽 신부의 '무지개 칼럼', '맥으로 읽는 성경', '행복선언' 등은 평화방송을 통해 방영됐던 강의와 강연들이다. 최대환 신부의 영화관 산책, 강신모 신부의 간추린 가톨릭교리서도 있다.

해외 팟캐스트 중에서는 오클랜드 한인천주교회의 매일미사 녹화 중계, 미국 LA에서 제작되는 청년 팟캐스트 '주전자(주님의 뜻을 전하는 자들)', 캘리포니아 샌디에고의 'SD 가톨릭 방송 전경아입니다'도 개인 인터넷 가톨릭 방송으로 인기가 있다.

전례 및 생활성가 관련 인터넷 방송은 '가톨릭CCM 인터넷 방송국(Catholic Chant & Contemporary Music Internet Broadcasting)'이 대표적이다. 그레고리안 성가와 전례 때 부르는 미사곡, 가톨릭 성가집의 성가와 생활성가, 묵상곡을 비롯한 가톨릭 내의 모든 음악을 나누고 있다.

인터넷 언론[8]

한국가톨릭교회의 언론은 가톨릭신문, 가톨릭평화신문·평화방송 등 오프라인 사용자가 주류이지만, 수년 전부터 '가톨릭뉴스 지금여기'가 가톨릭 인터넷 대안언론을 표방하면서 한정된 독자층 안에서 나름의 독특한 영역을 구축하고 있다.

가톨릭평화신문·평화방송은 디지털 시대에 맞게 애플리케이션, SNS를 통해서 독자와 소통한다. 또한 스마트폰 환경에 맞춘 기사 편집과 콘텐츠 제공에도 노력한다. 가톨릭평화신문은 가톨릭평화방송 애플리케이션을 통해서 접할 수 있다. 이 애플리케이션은 가톨릭평화신문 외에 TV와 라디오 방송 프로그램도 함께 제공하며 생방송 시 청취도 가능하다. 가톨릭평화신문은 페이스북 페이지(www.facebook.com/pbcnewspaper)도 운영한다. 가톨릭평화방송 케이블TV는 페이스북(www.facebook.com/PBCTVsns)을 통해 PBC 뉴스와 다양한 TV 프로그램을 소개하고 있으며, 라디오는 '행복을 여는 아침'(www.facebook.com/pbchappymorning), '신신우신'(www.facebook.com/pbc.ssus) 등 프로그램 페이스북을 통해 청취자들과 새롭게 만나고 있다.

교회 포털 사이트 내: 굿뉴스와 마리아사랑넷 클럽

교회에는 굿뉴스(www.catholic.or.kr)가 총 3248개의 다양한 주제의 클럽을 가지고 있고, 마리아사랑넷(www.mariasarang.net)에는 총 440개의 클럽이 구성되어 있다. 이처럼 다양한 주제의 커뮤니티들이 교회 안

밖에 구성되어 있지만, 정작 교회 안에 구성된 클럽들의 활동은 매우 지지부진하다. 일부를 제외한 대부분은 회원 수 5명 이하이며 콘텐츠 업데이트도 늦고 관리도 거의 하지 않는다. 이에 비해 외부 유명 포털 사이트에 개설된 카페는 상대적으로 왕성한 활동 중이다.

이러닝(e-learning)

원격교육이라 불리는 온라인 교육인 e-러닝이 교회 안에도 보급되었다. 그리하여 가장 중심 콘텐츠인 교리교육과 성경공부를 통신이나 인터넷을 통해 수강하는 프로그램이 다수 개설됐다. 과거에 우편으로 통신교리를 실시해온 가톨릭교리통신교육회 역시 우편과 함께 인터넷으로 수강하는 '사이버 통신교리' 프로그램을 개설했다. 광주대교구는 지난 2003년 초부터 '인터넷 통신교리'를 시작했고, 2005년에는 서울대교구가 '굿뉴스'를 통해 유료 '인터넷 교리'를 시작했다.

수원교구 사이버 성경학교(cyberbible.casuwon.or.kr)는 동영상과 교재 〈성경의 길을 따른 여정 첫걸음〉 네 권으로 구성되어 있고, 구약(오경·역사서·시서·지혜서·예언서) 2년, 신약(복음서·사도행전·서간·묵시록) 1년 등 3년 동안 진행된다. 바오로딸회 시청각통신성서교육원은 2011년 시·공간을 초월하여 언제 어디서든 쉽게 하느님 말씀을 접하고 공부할 수 있도록 '이러닝 학습' 장을 개설하여 운영하고 있다.

디지털 문화에 대한 사목

디지털문화를 복음화시켜야 할 사목적 근거는 「현대의 복음선교」 (1975)에 나온다.

하느님의 말씀과 구원 계획에 상반되는 인간의 판단기준, 가치관, 양심의 초점, 사고방식, 사상의 원천, 생활양식 등에 복음의 힘으로 영향을 미쳐 그것들을 변화시키고 바로 잡아야 합니다.(19항)

위 회칙에서 언급한 "인간의 판단기준, 가치관, 양심의 초점, 사고방식, 사상의 원천, 생활양식 등"은 다른 말로 표현하면 문화이다. 오늘날 디지털 문화는 교회와 사회를 매개해주고 교회 내 소통의 도구로 긍정적인 역할을 하지만, 반면에 각종 디지털 중독과 사이버 폭력과 테러, 사생활 침해 같은 죽음의 문화를 만연시키고 있다. 더 나아가 사색하기보다 검색에 많은 시간과 노력을 빼앗겨 점차 '생각하지 않는 사람들'[9]로 변하면서 그리스도교의 근간을 이루는 케리그마, 디아코니아, 코이노니아라는 직무에 소홀해지고, 성찰과 반성을 통한 회개와 기도의 삶에서 멀어지게 하고 있다.

교회는 자신이 주체가 되어 디지털 문화를 비판하고 저항·고발하며 대안을 제시해야 한다. 디지털 문화에 대한 사목은 구약의 예언자들이 박해와 죽음을 불사하고 사회 정의를 부르짖으며 왕과 백성에게 하느님 말씀을 전하여 회개시켰듯이, 이 시대의 디지털 문화가 양산하고 확대재생산하는 죽음의 문화를 고발하고 비판하여 생명과 사랑의 문화로 전환시키는 예언자적 사명을 수행해야 한다. 본당공동체는 디지털 문화에 대한 사목 방법을 다음과 같이 모색해볼 수 있다.

디지털 금식 캠페인

디지털 금식 캠페인은 불편함의 영성에 핵심인 십자가의 길을 디지털 시대에 구현하고자 한다. 지나친 디지털 기기 사용으로 사색과 성찰의 시간, 기도의 시간을 놓치는 경우가 많다. 사순 시기에 예수님의 십자가 길에 동참하며, 단식과 금식을 디지털 문화에 적용하여 디지털 기기 사용을 절제하고 금하여, 우리 삶을 돌아보고 뜻있는 시간이 되게 하는 전 신자 대상 캠페인이다.

대중신심 행위와 연계

그리스도교 신앙실천 방식 중에는 '대중 신심'이 있다. 이것은 그리스도인 대중의 신앙심 표현을 가리키고, 성인 유해 공경, 성당 방문, 성지순례, 거리 행렬, 십자가의 길, 종교 무용, 묵주기도, 메달 등과 같은 다양한 형태의 신심 행위를 의미한다(「가톨릭교회 교리서」 1674항 참조). 프란치스코 교황은 대중 신심의 고유한 형태가 관계를 증진하는 힘이 있어서, 개인주의적 도피를 불가능하게 한다고 했다.[10] 따라서 교회는 교황의 권고에 따라, 현재 함께 한 사람들과 단절시키고 저쪽과 끊임없이 연결되어, 현실의 관계망에 집중하지 못하

게 하는 스마트폰 중독과 인터넷 중독에서 벗어나도록 대중신심을
적극 활용해야 한다. 최근 한국 가톨릭교회에서는 성지순례가 활발
하다. 걷는 문화가 대중화되면서 교회에도 순교성지순례가 확산되고
있다. 성지순례모임이 생겨나면서 단체로 전국이나 해외로 시공간 체
험을 공유하고 있다. 이러한 신심활동은 디지털 미디어가 빚어내는
개인주의적 도피를 방지할 수 있다.

디지털 중독 예방 교육

청소년들에게 인터넷과 스마트폰의 올바른 사용법 및 과도한 사
용 예방법을 실생활에서 실천하도록 교육하고, 중독을 예방하는 데
도움이 되게 구체화한다. 또 인터넷 중독 상태를 자가 진단하여 위

디지털 금식의 구체적인 방법   Tip!

- 디지털 기기 사용시간을 제한한다.
- SNS(트위터, 페이스북, 카카오톡, 밴드 등)을 잠시 멈춘다.
- 온라인 게임을 절제한다.
- 디지털 기기 없는 3일을 보낸다.
- 인간관계를 재점검한다.
- 집 전화를 사용해본다.
- 식사 중 스마트폰을 테이블 위에 놓는 행위를 자제한다.
- SNS에 댓글이 달렸는지 계속 확인하는 행위를 자제한다.
- 각자 상황에 맞게 디지털 금식에 적합한 방법을 시도한다.

험군 청소년들에게 개인 상담과 개선의 기회를 준다. 청소년만이 아니라 부모도 예방교육 대상이 되어야 한다. 부모의 협조 없이는 청소년들의 디지털 중독을 예방할 수 없다.

디지털문화사목의 효과

• 본당공동체를 더욱 활성화시킨다

디지털 미디어는 손쉽게 온라인공동체를 형성하고 유지하게 하므로, 오프라인 본당공동체의 활성화 및 구성원의 일치를 도모한다. 특히 본당사목 정보를 빠르고 쉽게 전달하고 피드백을 받을 수 있다. 따라서 구성원에게 소속감을 주고, 본당 활동에 적극적이고 능동적인 공감과 참여, 연대를 이끌어낼 수 있다.

• 신자들 간의 소통이 더욱 긴밀해진다

페이스북, 유튜브, 카카오톡 같은 소셜 미디어는 익명의 사람들을 즉각 연결시킬 수 있고, 신자들끼리 모든 정보와 의견을 나누고 교환할 수 있게 해준다. 신자들 간의 다양한 소통은 친교와 일치를 이루게 해준다. 특히 공통 관심사를 가진 사람들과 함께 활동할 수 있는 기능과 공간을 제공하기 때문에 다양한 네트워크나 신앙공동체 건설이 가능하다.

• 교육의 장이 된다

디지털 미디어는 매주일 강론, 사순특강, 대림특강, 각종 강연 등이 녹음 혹은 녹화된 영상물을 제공하기 때문에 동영상으로 신앙생활을 배우고 성숙해질 기회가 된다.

• 교회활동을 촉진시킨다.
본당사목협의회, 소공동체, 단체, 동호회 등 여러 본당활동과 모임이 본당 웹앱을 활용하여 활발하고 원활하게 이루어질 수 있다.

• 쉬는 교우, 비신자가 본당을 쉽게 접한다.
오랫동안 쉬는 교우들이 다양한 디지털 플랫폼을 통해 본당에 쉽게 접근하여 정보와 소식을 들을 수 있고, 교회에 관심이 있는 비신자들에게 성당에 대한 정보를 제공할 수 있다.

디지털 금식 서약서

하느님과의 약속

**나는 이번 사순 시기 동안 진행되는 디지털 금식에
동참하고, 아래 사항을 준수할 것을 서약합니다.**

1. 디지털 금식을 방해하는 어떤 유혹도 기도로써 이겨내겠습니다.
2. 디지털 금식 기간 중 유혹에 넘어가 실수를 하더라도 포기하지 않고 끝까지
   지키겠습니다.
3. 디지털 금식을 통해 얻은 시간에 예수님의 수난을 묵상하고,
   이웃에게 봉사하는 시간을 보내겠습니다.

- 디지털 기기(인터넷, 스마트폰, TV, SNS 등)
  사용을 하루 5분 줄이기
- 일주일 성공하면 10분 늘리기
- 주일은 디지털 안식일로 보내기

일시 : 2016년 사순절 기간

성명 :　　　　　　(사인)

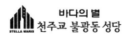

바다의 별
천주교 불광동 성당

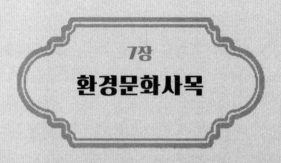

7장

환경문화사목

인간은 하느님이 창조하신 세상을 잘 보전하고 돌볼 때 하느

님·이웃·자기 자신과 좋은 관계를 맺을 수 있다. 그러나 자본

주의 생활방식과 소비문화에 빠진 인간은 생태 위기 시대를

초래하였고 가난하고 소외된 사회적 약자들을 도외시하고 있

다. 이처럼 죽음의 문화로 뒤덮인 세상을 생명과 사랑의 문화

로 전환시키려면 생태교육과 생태영성 및 구체적인 환경운동

을 전개해야 한다.

모든 피조물은 하느님과 연결되어 있다. 하느님의 손길로 창조되었기에, 우리 인간은 모든 피조물을 잘 보전하고 돌볼 의무가 있다. 하느님과의 관계, 이웃과의 관계, 자기 자신과의 관계를 가장 잘 맺을 수 있는 비결은 바로 만물을 사랑하는 것이다. 피조물은 생태계를 이루는 생태 환경이라고 볼 수 있다. 모든 아름다운 가치는 이 안에 있고, 하느님께서 현존하시는 방식이다. 그러나 인간의 탐욕이 하느님께서 손수 만드신 창조세계를 파괴하고 있다. 프란치스코 교황이 회칙 「찬미받으소서」(2015)에서 지적했듯이 오염, 쓰레기, 버리는 문화, 기후 온난화, 물 부족, 생물 다양성 감소, 세계적 불평등 문제를 비롯하여 지구 평화를 위협하는 핵과 원자력 문제까지 인간의 파괴행위는 끝이 없다.

이 문제를 해결하는 방법 중 하나인 환경문화사목은 생태환경 교육과 생태영성으로 생태적인 회개를 하고, 생태진화적인 삶을 실천하는 방법을 제시한다. 소비문화를 점검하여 절제하고, 죽음의 문화를 생명과 사랑의 문화로 전환하려는 노력에 힘쓴다. 그리하여 적은 것에 만족할 줄 알고 감사하며 하늘이 준 달란트를 하느님의 뜻대로 사용할 줄 아는 마음으로 살아가도록 이끈다. 그렇다면 우리의

생명과 직결되고 존재 의미와 밀접한 환경문화를 어떻게 사목 현장
에 적용할 수 있을까? 이 장은 환경문화사목의 급박함을 살펴보고,
본당 사목현장에서 실천할 수 있는 생태적 실천 방안을 모색한다.

환경문화사목의 이해와 실제

의미

지금 우리 공동의 집인 지구가 생태위기로 고통 속에서 신음하고 있다. "물질중심, 소비중심, 경쟁중심의 반자연적이고 반생명적인 가치관과 생활양식이 빚어낸 환경과 생태계 및 농촌과 밥상의 위기는 하느님의 창조질서를 심각하게 위협하고 있다."[1] 교회가 이 위급한 상황을 직시하고 사회복음화를 실현하려면, 파괴되고 있는 생태계를 회복시키고 하느님의 창조질서를 보존하기 위한 행동에 나서야 할 것이다. 본당공동체 전체가 생태 위기시대에 적합한 문화사목적 관점에 따라, 조직적이고 지속적인 환경문화운동에 앞장서야 한다.

환경사목은 왜 문화사목에 속하나?

환경사목은 문화사목과 무슨 상관이 있을까? 언뜻 보기에 서로 다른 분야로 볼 수 있지만, 두 사목은 '소비문화'라는 공통분모를 공유하고 있다. 오늘날 생태계를 파괴하고 지구환경을 위기로 몰아넣는 주범은 자본주의 생활방식으로 뿌리 깊게 자리 잡고 있는 소비문화다. 소비문화는 소비자 자신의 정체성을 좌지우지하며 개인적·사회적 자아를 표출하도록 작동하고, 욕구를 충족시키고 풍요로운 삶을 유지시켜주는 긍정적인 역할을 한다. 하지만 소비문화는 속성상 '버리는 문화'이기 때문에 각종 폐기물과 쓰레기를 만들어 공동의 집인 지구를 오염시키고 생태계를 파괴하는 동시에, 가난하고 소외된 이들, 고통 받고 착취당하는 이들을 양산해낸다. 이런 면에서 환경을 다루는 사목은 반드시 소비문화의 양면성을 고려해야 하고, 소비문화적 접근을 통해서 환경을 바라보는 입장을 취해야 한다. 또 자연을 보존하고 회복시키는 환경운동은 직접적인 구호나 선언, 일회적 행사가 아니라 다양한 문화 연구와 실천을 통해 추진해나가야 한다. 따라서 환경사목보다는 환경문화사목이 보다 더 구체적이고 적합한 표현이다.

환경문화사목의 이해

현대 과학기술문명이 초래한 자연파괴는 전 지구를 위협할 만큼 긴박한 사안이다. 소비문화에 익숙해진 현대인은 버리는 것이 일상화되면서 음식물 쓰레기와 각종 폐기물과 오염물질에 둘러싸이게 되었다. 지구온난화, 기후변화, 재난 발생, 물 부족 등으로 인해 생태계는 더욱 악화되어 위기상황에 처하고 있다. 특히 가난하고 소외된 사회적 약자들의 생명이 위협받고 있다.[2] 우리는 그리스도인으로서 이 현실을 올바로 직시하고, 더 나아가 하느님과 피조물에게 저지른 죄를 인정하고 회개해야 한다. 이런 측면에서, 교회는 지구 생태 위기라는 시대적 징표를 읽고 대안을 마련하고자 노력해왔다. 일반적으로 환경사목이라는 새로운 사목이 교회 안에 등장하여, 기존 사목에 편입되어 있다. 여기서는 환경사목의 문화적 차원을 강조하고자, 환경문화사목이라 이름을 붙여 그 의미를 살펴보고 실천방안을 제시해본다.

환경문화사목은 넓은 개념의 문화사목 중 하나이며, 그 중에서도 '문화에 대한 사목'에 속한다. 환경문화사목은 정확히 환경문화를 대상으로 한 사목을 의미한다. 우리의 일상화된 각종 소비문화로 인해 자연과 인간 환경은 죽음의 문화로 뒤덮이게 되었기에, 이를 생명과 사랑의 문화로 전환시키려는 모든 사목적 시도가 환경문화사목이다. 이 사목은 "생활양식, 생산-소비 양태 및 현대사회를 다스리는, 이미 확립된 권력 구조의 변화를 요청"[3]한다.

교회, 특히 본당이라는 사목현장에서 사목자와 평신도가 함께 환경문화사목을 실천해야 한다. 사목자는 본당 평신도사목협의회를

날마다 지구 이웃으로 사는 법[9]

Tip!

① 교통 혼잡한 월요일: 가까운 거리 걷기, 자전거 타기의 생활화, 서로 카풀하기
② 불의 날, 화요일<전기>: 쓰지 않는 플러그 뽑기, 적정 실내온도 유지 하기, 컴퓨터 사용 자제하기
③ 물의 날, 수요일<물>: 물 아껴 쓰기, 모아진 빗물로 물주기
④ 나무의 날, 목요일<나무>: 나무 심고 가꾸기, 종이컵 사용하지 않기
⑤ 쇠의 날, 금요일<소비>: 일회용품 사용하지 않기, 분리수거 철저히 하기, 새 물건 사지 않기
⑥ 흙의 날, 토요일<흙>: 비닐봉지 대신 장바구니 활용하기, 음식 쓰레기 줄이기
⑦ 태양의 날 일요일<쉼>: 쉼을 통해 생명의 기운 품기, 자녀들과 환경교육하기

중심으로 (생태)환경분과위원회를 통하여 전 신자 환경운동을 전개해야 한다. 이러한 환경운동은 지구와 피조물을 살리고 '통합적인 신앙생활'[4]로 이끌어주며 지역사회와의 소통과 친교를 가져다준다.

본당에서 실시하는 환경문화사목은 두 가지로 나뉜다. 하나는 생태환경 교육과 영성을 위한 사목이다.[5] 다른 하나는 다양한 환경문화 활동을 통한 생활 속 실천이다. 전자는 생태 교육을 통해 하느님의 창조질서가 무엇인지, 지구 환경과 생태계가 어떻게 파괴되고 있는지, 어떻게 소비문화에 길들여져 있는지를 자각하고자 한다. 궁극적으로는 신음하는 지구의 위기에 우리 모두가 공동책임이 있음을 깊이 깨닫고, '생태적 회개'와 생태공동체를 지향한다. 후자는 본당에서 생태환경 프로그램과 행사를 진행하고, 개인과 공동체 차원에서 생태운동을 실천하는 것이다. 환경지킴이 양성, 전 본당신자의 구체적인 환경운동 참여, 아나바다 운동, 벼룩시장, 착한소비운동, 환경십계명, 우리농 매장 등 다채로운 실천방안이 있다.

환경문화사목의 실천

• 생태 교육과 영성을 위한 사목

생태 교육을 통해 우리가 몸담은 환경이 얼마나 오염되어 있는지, 우리가 어떻게 하느님의 피조물에 해를 끼쳐 왔는지 각성하고, 하느님 창조질서의 회복을 위해 어떤 삶을 살아야 할지 배운다. 즉, 생태 교육은 환경에 대한 인식과 태도를 변화시켜 환경문제 해결에 참여하려는 교육 활동이다. 본당은 주일미사 강론과 사순 및 대림 특강을 통해 신자들에게 의식을 전환할 기회를 주어야 한다. 또한 구역-반장단 교육, 레지오 마리애, 초중고 자모회 등 단체별 교육 시간에 환경과 생명, 먹을거리 등 각 단체에 적합한 주제와 적절한 강사를 초빙하여 교육을 실시해야 한다.

생태 교육은 생태영성과 밀접하게 연관된다. 생태영성은 소비문화에 대한 생태적 회개와 구체적인 신앙실천을 포함한다. 자연과 더불어 사는 친교의 능력을 알려주고, 식사 전후 기도로 하느님과 이웃에게 감사하며, 궁핍한 이들과의 연대를 재확인하고 주일의 안식을 지킴으로써, 끝없는 탐욕과 이기심에서 벗어나 자연과 가난한 이에게 더 큰 관심을 기울이는 삶으로 안내해주어야 한다.[6] 특히, 생태영성은 '피로사회'[7] 속에서 살아가는 현대인에게 꼭 필요한 안식을 주고, 자본과 권력을 지향하는 소비자본주의 사회를 비판하고 저항하는 힘을 지향한다는 의미에서 생태적 회개를 위한 전제조건이다.[8]

• 본당 생태 활동가 모집과 운영

생태 교육이 생태 회복과 보존을 위한 교육에 한정되면, 그 인식과 활동은 확산되기 어렵다. 그러므로 교육과 양성, 그에 따른 조직 설립과 지속적 운영이 필요하다. 본당 평신도사목협의회에 환경분과위원회를 신설하고 환경을 지키는 생태 활동가를 교육시켜 양성해야한다. 서울대교구 환경사목위원회는 최근에 생태사도직 단체 '하늘 땅물벗'을 공식 창립하여, 각 본당과 기관 단체들이 이 사도직 단체를 구성하길 기대하고 있다.

• 전례와 접목

한 달에 한 번 있는 성시간에 피조물 보존을 지향하거나, 미사 강론 때 생태환경운동의 중요성을 강조할 필요가 있다. 주일미사 보편 지향 기도에 '피조물을 위한 기도'를 포함하면 신자들의 의식이 달라질 것이다. 판공성사 공동보속으로 생활 속 환경운동을 실천하게 한다면 큰 효과를 거둘 것이다.

• 즐거운 불편 운동 전개

본당 주보, 게시판, 홈페이지 등을 활용하여 '즐거운 불편운동'을 전개한다. '즐거운 불편운동'은 환경운동의 일종으로 온갖 매체를 통해 '소비가 행복'이라고 이야기하는 현대 소비사회에서, 조금 불편하지만 즐거운 마음으로 지구와 피조물을 살리는 즐거운 불편을 선택하도록 강조한다. 본당공동체가 실천할 수 있는 것과 개인이 실천할 수 있는 다양한 활동을 제시하여 신자들의 신앙실천운동으로 '즐거운 불편'운동을 꾸준히 펼친다. (예: 가까운 거리 걸어 다니기, 우리 농산물 먹기, 일회용품 사용하지 않기, 개인 컵 사용하기, 빨래 모아서 세탁하기, 휴지 대신

종이컵 사용 안 하기 운동

Tip!

• 전 신자 대상 개인 컵 사용하기 운동(우리 농 매장 실리콘 컵, 친환경 컵 판매)
• 종이컵 대신 텀블러를 사용하기
• 커피숍에서 개인 텀블러 사용하기
• 커피 자판기 컵을 친환경 컵으로 사용하기

손수건 사용하기, 제철음식 먹기, 안 쓰는 가전제품 플러그 뽑기, 인스턴트 및 패스트푸드 먹지 않기, 양치 컵 사용하기, 음식 남기지 않기 등)

불광동 성당에서는 일 년간 전 신자 대상으로 환경운동을 실시하여 구역별 시행 결과를 그래프에 기록하게 하고 게시하였다. 매달 실천 사항을 주보에 게재하고, 주일 강론 중에 생태환경을 강조하며, 가장 많이 실천한 구역에 시상을 하기도 했다. 가장 효과를 본 환경운동은 일회용 컵 대신 개인 컵을 사용하는 것이었다. 심지어 자판기에서 나오는 종이컵을 없애고 개인 컵을 사용하도록 했다. 처음에는 신자들이 매우 불편한 기색을 보였고 자판기 커피 판매 금액도 많이 줄었지만, 꾸준히 실시한 결과 이제는 종이컵을 사용하는 신자가 거의 없다.

• 아나바다 장터

본당 내 '아나바다 장터'를 만들어 신자들은 물론 지역주민들이 아껴 쓰고 나눠 쓰고 바꿔 쓰고 다시 쓰는 생활문화와 녹색소비를 정

불광동성당 아나바다 자선바자회 활동 모습

착시킨다. 아나바다 장터는 재활용, 환경관련 정보 제공 및 교류, 환경 상품 보급 등 지역의 환경운동과 선교에 이바지할 수 있다. 특히 주일 학교 어린이들을 아나바다 장터 운영에 참여시키면 생태 교육이 저절로 이루어지고, 어른들도 환경에 대해 각성하는 계기가 된다. 일 년에 한번이 아니라, 매월 한번 또는 계절에 한번 본당 마당에서 실시하는 것도 재활용과 생태의식을 강화하는 데 도움이 될 것이다.

• 우리농 매장

우리농 매장은 신자들에게 안전한 먹을거리를 제공하고, 농민들에게 안정적인 생산을 보장해줄 수 있는 매개 역할을 한다. 또 이를 이용하는 지역주민들에게 간접 선교를 할 수 있고, 어린이부터 어른까지 농촌체험을 하게 해준다. 지역주민들도 쉽게 이용할 수 있는 장소가 있으면 좋겠지만, 그렇지 않을 때에는 본당 신자들이 자주 지나다니는 장소에 우리농산물 매장을 마련한다.

불광동 성당은 2014년에 우리농 매장을 열었고, 봉사자들의 자발적이고 헌신적인 봉사로 매우 활발히 운영되고 있다. 또 같은 해 겨울 충북 음성분회와 자매결연을 하고, 도농 직거래도 가끔씩 시행하며, 일 년에 두 번 서로 왕래하여 친교를 나누고 농촌 체험을 해왔다.

충북 음성의 비닐하우스에서 농촌 체험하는 모습

- 착한 소비 운동

착한 소비 혹은 윤리적 소비는 인간-동물-환경을 해치는 상품은 사지 않고, 한국이나 제3세계 생산자들의 친환경 상품을 구입하는 소비다. 궁극적으로, 착한 소비는 제3세계 노동자의 권리를 보호하고 그들의 빈곤을 퇴치할 뿐 아니라, 친환경 공법으로 제품을 소량 생산하도록 유도해 대량 생산소비에 따른 지구환경파괴를 막을 수 있다. 이를 실천하기 위해 가난한 나라의 생산자들이 만든 물건을 공정한 가격에 거래하여, 단순 원조가 아니라 그들의 경제적 자립을 돕고 인격을 존중한다. 한편 소비자는 윤리·환경적 기준에 부합한 좋은 제품을 좋은 가격에 구매할 수 있다. 따라서 착한 소비는 글로벌 시민운동이자, '공정무역'을 통한 사회적 기업윤리운동이다.

공정무역의 날에는 제3세계에서 생산된 다양한 제품인 커피, 설탕,

생명 길 좁은 문 운동 9지침   Tip!

① 일회용품을 쓰지 않는다.
② 대중교통을 이용한다.
③ 합성세제를 삼간다.
④ 중고품을 사용한다.
⑤ 오늘도 물과 전기를 아낀다.
⑥ 육류를 줄이고 검소하게 입는다.
⑦ 소비를 부추기는 광고에 마음을 팔지 않는다.
⑧ 작고 단순한 것을 추구하고, 편하고 빠른 것은 멀리한다.
⑨ 여러 사람들과 힘써 가난한 이웃을 돕는다.

올리브유 등의 생필품, 의류 등을 판매한다. 필자는 설탕과 올리브유의 진한 맛과 향기에 끌려 여러 개를 구입한 적이 있다. 자신의 소비행위가 제3세계의 어느 가난한 생산자들을 조금이라도 돕는다는 생각에 마음이 흐뭇했다.

나오며

환경문화사목은 '생태적 회개'를 통해 이뤄질 수 있다. 생태의식의 변화는 우리의 생활방식을 바꿀 때 드러난다. 곧 환경운동을 실천하는 것이다. 남이 안 보더라도, 칭찬을 받지 않더라도, 그리스도인의 사명의식으로 꾸준히 노력하면 어떨까? 작은 힘이 모이면 지역사회와 우리나라, 전 세계를 변화시키는 힘이 될 수 있다.

하느님과 늘 연결되어 있음은 어떻게 알 수 있을까? 피조물에 대한 애틋한 사랑과 관심이 있을 때 우리는 하느님 품 안에 있는 것이다. 일상에서 만나는 아주 작은 것에 감사할 수 있고, 매일 보는 작은 나무와 돌멩이, 기어가는 개미와 날아가는 참새, 재빠르게 숨는 길가의 고양이, 드넓고 푸른 하늘과 햇살 안에서 하느님을 느낄 때 우리는 환경문화사목에 가까이 갈 수 있지 않을까? 얼굴을 스치는 바람에서 하느님의 손길을 느낄 수 있는 아침이라면 출근길은 마냥 감사하고 행복할 것이다. 피조물은 모두 하느님 안에서 긴밀하게 연결되어 있다. 어떤 피조물도 소홀히 할 수 없음을 아는 것이 생태영성이고, 그 영성을 몸으로 실천할 때 우리는 하느님의 일꾼이 되는 것이다. 우리에게 주어진 삶의 현장에서 선택해야 할 순간이 올 때마다, 몸은 불편해도 친환경적이고 보람된 쪽을 과감히 선택한다면 우리는 벌써 하느님 나라에 몸담고 있는 것이다.

환경문화사목은 환경문화에 대한 사목이므로, 소비와 이어진 일상의 선택을 항상 식별할 수 있어야 한다. 쓰레기 분리수거부터 물절약하기, 가까운 거리 걸어 다니기, 음식물 버리지 않기, 에너지 절약하기, 가난한 이들의 외침에 귀 기울이기, 신음하는 지구의 아픔을 나의 아픔으로 알아차리기, 이런 활동들이 우리 몸에 익숙해지도록 노력해야 할 것이다.

사목 현장에서 신자들에게 가장 쉽게 전달할 수 있는 길은 미사 강론이나 교육, 소공동체 활동과 나눔이다. 그리스도인에게 생태계 보호는 선택이 아니라 필수다. 부당하고 무분별한 환경파괴에 침묵하는 것은, 동조하는 것일 수 있다. 따라서 사회교리에도 관심을 가져야 한다. 또한 바람직한 대안을 찾고 가장 선한 삶의 길을 찾고, 교회 안에서 작은 실천을 시작해야 한다. 그럴 때 비로소 "하느님께서 보시니 좋았다"고 하신 창조세계를 잘 보존하고 돌보게 될 것이다. 그 축복은 그대로 우리에게 돌아오고, 후손에게 물려줄 유산이 될 것이다.

8장
영상미디어사목

영상미디어사목은 영상미디어의 특성을 새롭게 인식하고 파

악하여 복음을 효과적으로 전달하고자 한다. 스마트폰의 대중

화와 소셜 미디어의 일상화로 영상미디어를 적절히 활용한다

면 하느님을 사랑하면서 얻은 기쁨을 현대인에게 더 잘 알릴

수 있을 것이다.

들어가며

상상력은 하느님께서 인간에게 주신 선물이다. 이 무한한 상상력의 선물을 우리가 펼치면 그림도 나오고 사진이나 성화, 만화, 이콘, 영상 등 다양한 영상미디어가 나온다. 더군다나 스마트폰과 소셜 미디어 같은 디지털 미디어가 일상화되면서, 이미지나 영상은 개인과 사회에 엄청난 영향을 미치고 있다. 이러한 시대에 교회는 자신의 사명인 새로운 복음화를 효과적으로 수행하기 위해 영상미디어를 잘 활용해야 한다. 전례, 교육, 봉사, 친교 등 본당사목에 영상미디어를 접목한다면 신자들의 감성에 쉽게 다가갈 수 있을 것이다. 메마른 땅에 단비가 내려 싹이 움트듯이, 신자들의 딱딱한 마음을 말랑말랑하게 만들어 새로운 도전의지를 심어주는 것도 영상미디어의 힘이다. 이 장에서는 이런 영상미디어사목의 의미와 방법을 구체적 예를 통해 알아보고, 영상미디어사목에서 고려할 점도 살펴보겠다.

영상미디어사목의 이해와 실제

영상 시대

오늘날 커뮤니케이션 혁명은 문자문화 시대를 넘어 (디지털)영상미디어 문화 시대를 열었다. 이제 사람들은 추상적 이론이나 논리적 개념을 담은 인쇄물보다는 시청각(visual-audio) 영상미디어를 통하여 더 많은 정보를 받아들이고 있다. 다시 말해서, '보는 문화'(seeing culture)가 '읽는 문화'(reading culture)을 대치하고 있다. 이러한 커뮤니케이션과 미디어 문화의 변동은 청중의 변화를 가져오면서 능동적이고 적극적인 수용자로서의 청중에 무게중심이 실리고 있다.

'읽는 문화'는 설교자나 사목자가 소통 내용의 중요성을 강조하는 반면, 청중이 어떻게 듣는지에 대해서는 거의 소홀하다. "그것은 밭의 특성을 전혀 알지 못하고 무작정 씨를 뿌리는 농부와 같다."[1] 효과적인 내용 전달을 위해서는 청중과 그들의 삶의 자리(문화·사회적 현상)에 대한 적절한 해석이 필요하다. 청중은 일방적이고 논리적이며 추상적으로 이루어지는 강론이나 강의에 냉담한 편이다. '보는 문화'에서 주어진 내용을 청중이 선택해서 수용하는 것과 사뭇 대조된다. 리모컨에 익숙한 청중은 흥미 없는 TV 프로그램을 즉시 다른 채널로 바꾸듯이, 강론이나 강의에서 흥미를 느끼지 못하면 관심을 다른 곳으로 돌려버린다. 오늘날의 청중은 감성과 의지에 호소하는 이미지와 영상 언어를 통한 소통을 요청하고 있다. 따라서 교회가 새로운 영상 언어에 친숙해지지 않으면, 프랑스의 커뮤니케이션 학자 피에르 바뱅의 지적대로 그리스도교는 사람들과 제대로 소통을 하지 못하고 삶에 영향을 미치지도 못할 것이며 결국 외면당할 것이다.[2] 과거의 교회가 문자문화라는 전통언어로 신자들의 지성을 구축해왔다면, 영상 시대에는 새로운 언어인 영상으로 신자들의 감성과 의지에 다가서고 소통해야 한다.

영상미디어사목의 이해

인간의 삶과 사회에 엄청난 영향을 끼치는 이미지와 영상은 이 시대의 새로운 언어다. 영상 언어는 자연스럽게 이해하기 쉽고, 구체적 이야기와 놀이 형태로 소통되기 때문에 흥미를 자아내며, 만족스런 체험을 하게 해준다. '백문불여일견'(白文不如一見)이란 말이 있듯이, 사진 한 장이나 영화 한 프레임이 많은 것을 쉽게 알려주고 흥미진진한 간접 체험을 통해 이해를 높여줄 수 있다. 따라서 교회는 영상 언어가 가진 특성을 잘 이해하고 새로운 시대의 새로운 복음화를 수행하기 위한 사목과 선교에 영상미디어를 적극 수용하고 활발히 활용해야 한다.

영상미디어사목은 정지영상과 동영상 등 영상과 밀접한 미디어 문화를 본당이나 교구, 수도회, 단체에서 수행하는 선교와 사목에 접목하는 것이다. 영상미디어에는 다양한 문화콘텐츠가 존재한다. 영화, TV, 동영상(유튜브, UCC), 사진, 성화, CF 등이 여기에 속한다. 교회는 이러한 다양한 콘텐츠를 활용하여 복음을 선포해야 한다. 이미 교회는 모든 분야에서 영상미디어를 수용하여 긍정적인 효과를 얻고 있다. 사순절에 '영상으로 하는 십자가의 길'은, 책으로 진행하는 것보다 훨씬 깊은 감동을 선사하여 예수님의 고통에 더욱 동참하게 한다. 강론 중에 백 마디 말보다 짧은 영상물을 보여주는 것이 마음에 와 닿을 때가 있다. 피정 묵상 때 성화를 정지영상으로 보여준다면 더욱 거룩한 분위기를 자아낼 수 있다. 예비신자 교리교육에서 예수님의 생애를 안내할 때, 클레이 애니메이션 〈미라클 메이커〉(2004)를 보여준다면 예수님의 삶과 죽음, 부활에 관한 전체적인 이해에 도움이 될 것이다. 특히 스마트폰으로 찍은 사진이나 동영상은 언제 어디서나 손쉽게 제작하고 보여줄 수 있는 UCC이며, 동영상 허브인 유튜브(Youtube)는 사목에 필요한 동영상 자료를 쉽게 얻을 수 있는 전자도서관이다.

영상미디어사목의 종류

영상미디어는 미디어에 따라 여러 종류로 나뉜다. 크게는 정지영상과 동영상으로 구분되는데, 정지영상에는 사진과 그림(성화나 만화, 삽화 등)이, 동영상에는 영화, UCC, TV, CF 등이 있다. 영상미디어의 사목적 접목과 수용은 각 영상미디어의 특성에 따라 선택되고 활용된다. 사진은 실재성을 직시하는 특성이 있어서 기억과 역사를 재생하는 역할을 한다. 연말 송구영신 미사 끝에 일 년간 본당공동체가 지나온 발자취를 PPT를 이용한 사진으로 회고 시간을 가져도 좋다. 성미술이나 이콘에서 선택한 성화 한 장면, 시대적 징표를 그려내는 삽화나 만화는 영성적 의미를 부여하기도 한다. TV나 UCC, 소셜

미디어 등 여러 미디어를 통한 영상사목도 가능하다. 영상 중에 가장 영향력 있는 미디어는 영화일 것이다. 영화는 사회를 반영하는 거울인 동시에 새로운 사회 현상을 보여주는 창이다. 최근 들어 영화의 강력한 힘이 개인과 사회에 미치고 있어서, 교회는 영화를 사목적으로 활용하는 '영화사목'에 많은 관심을 가져야 한다.

- 영화사목

최근의 영화산업 부흥과 1천만 이상의 관객을 기록한 영화들 덕분에, 영화는 우리 사회에서 가장 강력한 영향력을 행사하는 미디어로 자리 잡고 있다. 더구나 멀티플렉스 영화관은 다양한 볼거리와 소비 공간이 겸비된 '원스톱 쇼핑몰'에 위치하고 있어서, 관람의 선택이 더욱 용이해졌다. 경로우대 혜택을 받는 어르신들의 영화 관람도 무시할 수 없다. 이제 영화는 모든 세대에게 삶의 일부가 되어 있는 만큼 미치는 영향도 크다.

영화는 단순 오락거리나 기분 전환용으로 간주될 수 있지만, 삶의 경험을 넓혀주며 삶의 의미와 중요성을 제시하기도 한다. 영화는 경험을 재창조하며 생기를 불어넣어 주고, 관객을 위해 삶의 초점을 맞추고, 영화 밖에서는 얻을 수 없는 다양한 경험을 제공한다. 따라서 교회는 영화라는 영상미디어를 활용하여 사목적 효과를 가져다주는 '영화사목'에 관심을 가져야 한다. 영화사목의 일환으로 복음서를 영상화한 영화 〈나자렛 예수〉(1977)나 〈패션 오브 크라이스트〉(2004) 같은 종교영화를 상영할 수도 있고, 살인죄를 지은 인간이 회심하는 모습을 보여주며 사형제도를 비판한 〈데드 맨 워

킹〉(1995), 아낌없이 이웃에게 만찬을 베풀며 따뜻한 사랑을 찾게 하는 〈바베트의 만찬〉(1987), 신화와 판타지가 섞여 있지만 그리스도교적 메시지를 함축한 〈반지의 제왕〉(2001)이나 〈나니아 연대기〉(2005) 등을 상영할 수도 있다.[3] 영화 전체를 다 볼 시간이 여의치 않다면, 주제에 따라 특정 영화의 편집 영상을 사목적 목적에 따라 활용할 수도 있다. 영화사목이 제대로 이루어지려면 사목자나 사목협력자가 영화를 많이 보고 적절한 장면을 활용하는 역량을 먼저 키워야 한다.

영화사목은 다음 몇 가지 방식으로 실행될 수 있다.

① 정기적인 영화상영
본당 신자들에게 영화관에서 보여주듯이 좋은 영화 한편을 정기적으로 보여주는 것이다. 이를 위해서는 횟수, 장소, 인원, 날짜, 상영 영화 리스트, 공지, 상영 봉사자 등을 고려해야 한다. 모든 고려사항이 잘 갖추어진 상태에서 영화상영을 시작할 수 있다. 만약 어느 하나라도 제대로 준비되어 있지 않다면 정기 상영은 어렵다.

불광동 성당의 예를 들어본다. 필자는 불광동 성당에 부임한 후 대성전 제단 앞에 대형 스크린 설치 작업을 먼저 했다. 시중 영화관에서 보는 화면보다는 작지만 여느 성당 스크린보다 훨씬 커서 시중 영화관에서 관람하는 느낌을 준다. 참여 인원은 영화 제목에 따라 다른데, 매달 100명에서 200명 정도다. 본당마다 상황이 다르기 때문에 인원이 적을 때에는 강당이나 교실을 이용하여 상영해도 좋다.

횟수는 한 달에 한 번, 매달 셋째 주 목요일 저녁 8시에 상영한다. 최소 2주 전부터 본당 주보에 영화 제목과 상영 날짜를 공지한다. 상영 영화는 상영 봉사자(사목회 문화홍보분과 사목위원이면 더욱 좋다)와 상의하거나 주보에 보고 싶은 영화 제목을 제출하도록 공지하여 정한다. 상영할 영화제목 리스트를 6개월 전부터 미리 작성하면 편할 것이다. 되도록 전례시기와 그 의미에 알맞은 영화를 상영하도록 한다.

본당 영화상영은 여러 효과를 낳는다. 첫째, 신자들뿐 아니라 지역주민에게도 영화를 관람할 기회를 주어, 문화를 향유하는 가운데 지역사회와 소통하면서 간접선교가 이루어진다. 둘째, 신자들은 영화를 관람하면서 복음적 가치관을 수용하고, 더 나아가 올바른 신앙생활을 위한 간접적인 신앙교육을 받게 된다. 예수님의 생애를 다룬 영화, 바오로와 베드로 사도 및 성인들의 생애를 다룬 작품들을 관람할 때 성경을 더 잘 이해하고 신앙생활의 모범도 배울 것이다. 고 이태석 신부는 어릴 때 나병환자와 동고동락하다가 자신도 나병환자가 된 다미안 신부 영화를 보고 크게 감명을 받아 사제의 길을 꿈꾸게 되었다고 한다. 또 다른 예로, 얼마 전 일본군 위안부를 다룬 영화 〈귀향〉(2015)을 상영한 적이 있는데, 영화가 끝나자마자 어느 자매가 성전에서 대성통곡을 하는 것이었다. 어린 소녀를 위안부로 끌고 가서 일본군의 성노리개로 삼고 나중에는 구덩이에 집어넣어 총살하는 충격적인 장면을 보고서, 분하고 억울하고 몹시 화가 났기 때문이었다. 영화는 진실을 알리는 힘이 있다. 셋째, 쉬는 교우가 보고 싶은 영화를 관람하기 위해 자연스럽게 성당에 나올 수 있다. 쉬는 교우의 회두는 직접적인 접촉보다는 문화적 접근으로 할 때 훨씬 수월하다.

본당 영화상영에 유의할 점이 몇 가지 있다. 첫째, 시중 영화관에서 개봉한 현재 상영작은 제외해야 한다. 영화 저작권에 위배되기 때문이다. 둘째, 본당 영화상영 관람자가 고령인 경우에는 되도록 외국영화보다는 한국영화 중에 적당한 작품을 선택해야 한다. 어르신들이 자막을 제대로 읽지 못해 영화 관람의 어려움이 따르고, 자주 이런 경험을 하게 되면 다음부터 관람을 꺼리게 된다. 셋째, 상영시간이 2시간이 훨씬 넘는 영화는 가급적 제한하거나 편집하여 줄이도록 한다. 넷째, 본당 영화상영이 꾸준히 이어지려면 특별한 일이 없는 한 매달 정기적으로 실시해야 한다. 상영을 했다 안했다 하면 신뢰를 잃게 된다. 다섯 째, 상영할 영화의 선택 기준은 종교영화나 복음적 가치관을 따르는 것이 좋다. 이 기준에 따라 폭력적이고 선정적인 내용을 담은 상업영화는 배제한다. 비복음적이고 반생명적인 영화는 죽음의 문화를 확산시키는 가라지와 같다.

② 영화 클립(clip) 활용

영화는 매우 교육적이고 도덕적인 가치를 지닌다. 본당사목에는 선교, 교육, 전례, 봉사 등 다양한 활동이 있고, 이들 교회 활동을 설명하고 설득하는 데 영화의 한 부분을 활용한다면 큰 효과를 거둘 수 있다. 다음 몇 가지 방법이 있다.

a) 영화 강론 : 영화는 신자들과 공감대 형성에 많은 영향을 준다.

영화의 주요 장면들을 예화로 활용하여 하느님 말씀을 전달하는 '스토리텔링형 강론' 방식이다. 즉, 영화를 강론에 접목하는 것이다. 이러한 방식이 주는 장점은 신자들이 강론에 집중하도록 흥미를 줄 뿐만 아니라 성경의 메시지를 보다 쉽게 이해하게 해준다. 그러나 영화 클립을 활용하는 데 주의할 점이 있다. 강론 중에 사용하는 영화 클립은 3~5분 정도가 적당하다. 너무 길면 강론보다 영화 내용에 무게 중심이 쏠리기 때문이다. 또한 사용할 영화 클립이 강론 주제와 적절하게 부합된 내용이어야 하고, 간혹 강론하는 사제가 해석을 잘 하지 못할 때는 서로 별개의 것이 되고 만다. 또한 영화 강론을 너무 자주 실행하면 신자들을 식상하게 만들 수 있으므로, 가끔 적당히 활용해야 한다.

b) 교육적 활용 : 본당사목에는 예비신자 교리교육, 성경공부, 신자 재교육, 특강, 주일학교 등 교육 관련 활동이 많다. 이러한 활동에 영화 클립을 활용하면 교육 효과를 크게 높일 수 있다. "하느님이 우리와 함께 계신다."는 임마누엘 하느님을 말로 설명하기보다는 영화 클립 하나를 보여줄 때 이해하기 훨씬 쉬울 수 있다. 필자가 활용한 영화 클립은 영화 〈레이〉(2004)에서 가져온 것이다. 미국의 유명한 대중음악가 레이 찰스는 흑인이며 시각장애인이다. 7살 때 사고로 시각장애인이 되는 불행을 당하지만, 그의 어머니는 그가 혼자 힘으로 당당히 살아갈 수 있도록 교육시킨다. 어느 날 밖에서 집으로 들어오던 레이가 문턱에 걸려 넘어졌는데 엄마는 그저 지켜보기만 할 뿐 여느 엄마처럼 달려가 일으키려 하지 않는다. 어린 레이는 스스로 일

어나 손과 귀로 더듬거려 주위 사물을 파악하면서 소리를 듣고 귀뚜라미도 잡으며 엄마 곁으로 다가간다. 엄마는 눈물을 흘리고 있다. 아들이 엄마 품에 안기며 왜 우냐고 묻는다. 이 장면은 하느님이 어떤 분이신지 매우 함축적으로 보여준다. 레이 엄마는 "하느님이 우리와 함께 계신다."는 것이 무슨 의미인지 단적으로 보여준 알레고리다. 어린 시각장애인이며 흑인인 레이가 인종차별사회에서 스스로 당당히 살아가도록, 그의 엄마는 그를 지켜주면서 함께 울고 함께 아파했던 것이다.

③ 영화읽기 모임

의미 있는 영화를 함께 본 후, 각자 느낌을 나누는 모임이다. 영화가 좋아서 보는 취미생활을 넘어서서, 다양한 영화 이야기를 나누며 자신의 생각을 넓혀가는 효과가 있다. 이러한 동아리 모임은 영화의 의미를 읽고 해석하면서 감독의 의도나 영화 이론을 공부하기도 한다. 본당에서 모이는 영화읽기 동아리는 종교영화와 복음적 가치관을 지닌 독립영화 및 상업영화를 선별하여 신앙을 성숙시키고 풍요롭게 하는 데 목적을 둔다.

④ 한국가톨릭영화제

2013년 한국가톨릭영화인협의회가 창설된 이후 가장 핵심적인 활동으로 한국가톨릭영화제를 실시하고 있다. 가톨릭영화제는 천주교 신자뿐 아니라 누구에게나 영화를 보고 제작하며 연기를 배울 기회를 제공한다. 영화아카데미를 통해 제작된 영화는 순회상영을 한다.

한국가톨릭영화제 포스터들

또한 보편적 가치를 통한 영성적 의미를 찾는 단편영화 공모와 상영도 하고 있다. 2016년 제3회 가톨릭영화제는 신자와 비신자 모두에게 많이 알려지고 참여하는 중요 행사로 자리매김하고 있다.

• TV 미디어와 UCC[4] 사목

TV미디어는 뉴스, 드라마, 다큐, 오락 등 다양한 장르를 포함하고 있어서 강론이나 교육에 활용 가치가 높다. 특히 다큐는 휴먼, 자연, 심층취재 등 여러 분야에 걸친 내용을 심도있게 담고 있어서 사목적인 목적에 따라 선택의 폭이 넓다. 최근 일상화된 스마트폰으로 동영상 제작이 쉬워져서, 누구나 프로듀서가 되어 'UCC 사목'에 동참할 수 있다. UCC 사목에는 강론, 예비신자 교리, 주일학교 교육, 각종 전례행사, 교회활동을 취재하는 신자 저널리즘, 교회 매스컴이나 서울대교구 인터넷 포털사이트 굿뉴스와 연계한 UCC, 생명문화와 관련된 UCC 공모 등 다양한 활동이 가능하다. 또 서울대교구 인터넷 포털사이트 UCC 코너나 유튜브에서 주제에 맞는 동영상을 선택하여 활용할 수도 있다. 관심을 가지고 찾으려 한다면 얼마든지 적절한 영상물을 찾아 사목적 활용이 가능하다. 문제는 그러한 "영상물을 어떻게 찾아낼 것이냐는 검색 능력과 목적에 맞게 적절하게 활용할 수 있는 활용 능력이다."[5]

• 성화를 활용한 묵상과 피정

성 이냐시오 로욜라는 「영신수련」을 통해, 그리스도를 잘 알고 더 사랑하고 따르기 위해서 그리스도의 삶에 등장하는 인물과 장소를 보라고 권한다. 성화는 성경에 나오는 인물이나 장소나 상황을 이미지로 재현하여 성경 내용을 상상하게 하고 의미를 더 풍요롭게 만들어준다.

예를 들어, 최고의 교회 성화로 평가받는 렘브란트의 명화 〈돌아온 탕자〉(1669)는 보는 이들로 하여금 회개의 마음을 불러일으키는 효과가 커서 피정 때 묵상용으로 많이 이용한다. 또 다른 예로, 스페인 톨레도의 산토 토메 성당에 있는 엘 그레코의 유명한 성화 〈오르가스 백작의 장례식〉(1586)은 가난한 이들에게 자선과 기부의 삶을 살았던 오르가스 백작이 죽음 이후 천국에 불림을 받는다는 의미심장한 교훈을 후대까지 예술작품으로 전해주고 있다.

동방교회의 성화를 지칭하는 '이

렘브란트의 〈돌아온 탕자〉

콘'(Icon)은 예수 그리스도, 성모 마리아, 성인들, 천사들 또는 그리스도교 신앙의 신비들을 표현하는 종교 그림이다. 이콘은 교리 교육과 성인 공경을 위한 것이고, 성경 및 성인들의 삶과 활동을 나타낸다. 이콘은 교회 예술의 단순한 역할을 뛰어넘어 그리스도교 본질을 이해하고, 복음의 메시지를 전달하고 교육하는 기능을 지니며, 신앙과 영성, 특히 기도 생활에 매우 큰 영향을 준다.

최근 잘 알려진 독일의 종교화가 지거 쾨더 신부는 주로 성경 내용에서 그림의 핵심 요소를 끄집어내고 있으며, 관람자를 많은 작품에 주체로 참여하도록 초대한다. 그의 대표작으로 '십자가의 길'이 있다. 사순절 금요일, 신자들과 함께 하는 십자가의 길 기도에 지거 쾨더의 '십자가의 길' 작품을 파워포인트 화면으로 보면서 14처 기도를 바칠 때 활용해도 좋다.

영상미디어의 사목적 활용을 위한 고려 사항

• 영상물은 복음적 시각에서 수용해야 한다. 영상미디어와 연관된 다양한 문화 콘텐츠는 내용이나 형식상 복음적일 수도 있고 비복음적일 수도 있다. 교회가 사목적으로 올바르게 영상 콘텐츠를 활용하기 위해서는 복음적 가치관에 입각한 선택이 필요하다.

• 영상미디어 활용은 메시지 전달의 보조 수단이다. 영상물 활용은 청중의 관심을 모으고 흥미를 유발하는 효과가 있지만, 그것 자체를 주로 삼거나 지나친 오남용은 역효과를 가져온다. 따라서 적절

한 영상물을 적당히 사용해야 한다.

• 영상미디어를 제대로 활용하려면 그 속성을 잘 이해하고 연구하며, 새로운 표현방식을 개발하기 위한 인력과 투자가 필요하다. 더나아가 이 작업이 지속가능하도록 교구 안에 영상미디어문화 연구소나 문화센터를 설립해야 한다.

• 영상미디어 교육이 필요하다. 미디어 교육은 미디어 활용과 비판 능력을 갖추기 위한 필수 과정이다. 이 교육을 통해서 영상미디어 봉사자를 양성할 수도 있다. 본당에서 영상미디어를 사목에 적극 활용하려면, 신자들의 미디어 교육과 봉사자 양성과정이 필요하다.

• 영상미디어 활용에 대한 사목자의 의식과 의지가 필요하다. 한국교회에서 사목자나 본당 신부의 위상은 매우 크다. 평신도들이 영상미디어의 사목적 활용을 원해도, 본당신부가 적극적으로 활용하려는 의식과 의지가 없다면 불가능하다. 영상미디어사목의 키를 가진 본당신부가 먼저 솔선수범해서 모든 사목에 능동적으로 활용해야 한다.

교회는 이 시대 모든 분야에 막대한 영향을 미치는 영상미디어 문화를 새로운 문화로 받아들여 '새로운 시대의 새로운 복음화', 곧 문화의 복음화를 실천해야 한다. 요한 바오로 2세 교황은 '새로운 복음화'의 형태가 "열정과 방식, 표현에서 새로운 것"이어야 한다고 역설하였다. 이를 따른다면, 교회는 자신을 쇄신하는 새로운 열정을 가지고 영상미디어 문화라는 새로운 방식을 수용하여 사진, 성화, 영화, TV, 소셜 미디어 등 새로운 표현으로 복음화를 이루어나가야 한다.

영상미디어 문화사목은 우선 영상미디어에 대한 인식을 새롭게 하고 특성을 파악하여 효과적인 복음 메시지 전달을 위한 노력을 기울여야 한다. 특히 최근 스마트폰의 대중화와 카카오톡이나 페이스북 같은 소셜 미디어의 일상화로 영상미디어의 사목적 활용이 더욱 확장되고 있기에, 이를 위해서 다각적인 역량을 키워야 한다.

하느님을 사랑하면서 얻은 기쁨을 나누는 데 시청각을 동원하는 일은 중요하다. 신자들이 눈에 안 보이는 하느님을 직접 뵙고 느끼는 데 영상미디어사목은 큰 도움을 줄 수 있다. 첨단기술 발달로 새로운 전자기기가 출현할 때마다 우리는 그 매체를 활용하여 본당사목의 질을 높이는 방안을 찾아야 할 것이다. 우리 모두가 깨어있는 의식으로 영상미디어를 아주 작은 것부터 복음화에 적용한다면 그 결실은 클 것이다.

9장

재능나눔사목

재능나눔은 누구나 일상에서 실천할 수 있는 것이므로, 교회는 더 많은 사람들이 쉽게 참여할 수 있도록 도와주어야 한다. 머리와 마음으로는 회개하고 하느님의 뜻을 깨달아도, 자신의 일부를 아낌없이 나누는 행동은 힘들다. 따라서 교회가 참여의 기회를 열어놓고 나눔의 문화를 정착시킨다면, 사랑과 자비를 실천하는 섬김과 나눔의 참 교회를 이루어갈 것이다.

　최근에 남을 위해 기부하는 행위가 물질적인 것만이 아니라 재능으로 이어지고 있다. 재능기부가 새로운 형태의 나눔으로 각광을 받고 있다. 우리의 재능은 하느님이 거저 주신 은총으로서, 혼자 사용하라고 주신 것이 아니다. 탈렌트 비유 이야기(마태 25,14-30)처럼, 재능을 다른 사람과 나누는 것이 그분의 뜻이고, 나눌 때 더 풍성해지는 법이다.

　그렇다면 실질적인 나눔이 되기 위해 교회는 무엇부터 해야 할까? 우선 '나눔의 문화'를 보편화시켜야 할 것이다. "가진 것을 나누는 것이 아니라 거저 받은 것을 나눈다."는 의식이 필요하다. 이런 마음을 갖게 하는 기본은 바로 '적은 것'에 감사하는 마음이 아닐까? 많이 가져야만 만족스러운 것이 아니다. 적게 가졌어도 감사할 때 비로소 우리 마음은 풍요해진다.

　우리가 사랑을 나눌 힘은 하느님에게서 온다. 하느님께 받았으니 이웃에게 나눌 수 있는 것이다. 그렇다면 모든 나눔의 근원은 하느님 사랑이다. 사랑이 없는 사람에게 '재능나눔'을 하라고 외쳐본들 별 반응이 없을 것이다. 그러나 하느님께 받은 사랑이 깊고 넓은 사람은 '재능나눔'을 솔선할 힘이 있다. 이를 통해 본당사목이 활성화되면, 재능나눔도 더불어 풍성해진다. 이제 재능나눔을 활성화시킬 방법을 모색해 보기로 한다.

재능나눔 사목의 이해와 실제

재능나눔은 시대적 사명이다

오늘날 우리 사회의 일상생활 속에는 재능나눔이 자리를 잡고 있다. 카이스트의 정재승 교수, 스포츠 스타 양준혁과 방송인 김제동, 소설가 공지영, 세계적 팝페라 가수 임형주와 같은 사람들은 바쁘게 살고 있는 공인이면서도 자신의 재능을 필요로 하는 이들에게 기부하고 있다. 이들을 통해 재능나눔이란 말이 익숙해졌고, 특정 전문가만이 아닌 평범한 사람들도 누구나 쉽게 참여하는 자원봉사가 새로운 경향이 되고 있다.

재능나눔은 자신의 재능과 기술과 특기로 나눔을 실천하는 새로운 형태의 자원봉사를 말한다. 기존의 자원봉사가 금전적인 기부를 하거나 몸으로 노동하는 것이었다면, 이제는 개인의 고유한 재능이나 지식, 경험을 나누는 것으로 전환되고 있다. 이것이 가능해진 것은 자원봉사에 참여하는 동기가 변했기 때문이다. 과거에는 '도덕적·사회적 책임'이 가장 큰 이유였다면, 2014년 이후로 '개인의 여가활용, 개인의 관심과 흥미, 욕구만족' 등이 자원봉사의 주요 동기로 바뀌었다.

자원봉사의 동기 변화는 각 개인의 성격이나 재능 중심으로 자원봉사에 참여하는 재능나눔이 확대된 것이 커다란 영향을 끼쳤기 때문이다. 이제 재능나눔은 '나누는 삶' 자체에서 기쁨을 찾으려는 태도와 밀접히 연관된다. 예를 들어, 청소년지도 경험자는 그 경험을 살려 자신의 재능을 청소년을 위한 상담 자원봉사활동을 통해 나눌 수 있다. 청소년 상담활동은 그 자체로 청소년을 도와줄 수 있는 가치 있는 활동이지만, 봉사자는 청소년과 함께 삶을 나누면서 기쁨과 보람과 만족감을 얻는 데 더 의미를 둔다.

재능나눔은 재능기부를 전제조건으로 한다. 재능기부는 물질과 돈에 국한되지 않고 재능이나 시간 등 비물질적인 것을 기부할 수 있다. 기부는 마음, 재능, 물질의 요소를 포괄한다. 물질은 기부가 외적으로 드러난 모습이며, 재능과 마음은 물질 이면에 있는 기부의 모습이다. 여기서 다룰 재능은 물질과 마음을 모두 포괄한다. 예를 들어, 가르치는 재능은 가르치기 위한 물질적인 도구와 피교육자를 사랑하는 마음이 합쳐져야 제대로 발휘할 수 있다.

따라서 재능나눔은 개인의 연륜, 경험, 지혜, 전문성, 끼, 재능 등 각 요소를 자원봉사와 연결하여 필요로 하는 사람들과 공유하는 것이다. 이것은 인적 차원의 새로운 '공유모델'이다. 재능나눔은 개인이나 특정 조직체의 무형자산을 다양한 융합과 결합을 통해 공유하는 새로운 자원봉사 모델의 한 축이다. 교회는 이웃사랑을 지향하는 사회복지 차원에서 이 시대에 적합한 새로운 자원봉사 모델을 수용하고 적용해야 한다.

재능나눔 사목의 필요성

오늘날 한국천주교회는 세속화, 중산층화, 교회 권위주의 등으로 위기 상황에 처해 있다. 그 결과 교회는 더욱 '웰빙교회'가 되고 가난한 사람들은 교회로부터 점점 멀어지고 있다. 2014년 한국을 방문한 프란치스코 교황은 한국 주교들을 만난 자리에서 한국교회에 다음과 같이 권고하였다.

교회는 중산층의 공동체가 되어, 가난한 이들이 교회 안에서 수치심을 느끼고 그 안에 들어가기를 부끄러워할 지경에 이르렀습니다. 이는 또한 정신적 웰빙, 사목적 웰빙에 대한 유혹입니다. 곧 가난한 이들을 위한 가난한 교회가 아니라 부자들을 위한 부유한 교회, 또는 잘사는 자들을 위한 중산층의 교회가 되려는 유혹입니다.[1]

한국 교회가 가난한 이들을 위한 가난한 교회가 되는 것, 복음적 교회로 회복되기 위한 근본적인 시도 중 하나는 섬김과 나눔의 교회가 되는 것이다. 모든 것의 주인이 하느님이심을 자각하고 인정하며 가난한 이웃과 아낌없이 나누기 위한 가장 좋은 방법은, 교회 안에 '나눔문화'를 정착시키고 확산시켜서 물질뿐 아니라 재능을 나누는 제도적 장치를 마련하는 것이다.

나눔은 세상을 변화시키는 새로운 질서다. 교회는 나눔을 실천하는 곳이 되어 세상 안에서 대안 공동체 역할을 해야 한다. 교회가 부를 축적하고 가진 자와 기득권자 편에서 부와 권력을 누리며 가난하고 소외된 이들을 외면한다면, 이 땅에 하느님 나라를 건설할 수 없다. 요한 크리소스토모 성인은 나눔의 이유를 다음과 같이 말한다. "자신의 재산을 가난한 이들과 나누어 갖지 않는 것은 그들의 것을 훔치는 것이며 그들의 생명을 빼앗는 것이다. 우리가 가진 재물은 우리 것이 아니라 가난한 이들 것이다."[2] 그러기에 나눔은 교회와 그 구성원이 실천해야 하는 진정한 복음 선포다.

교회가 나눔문화를 확산시키려면, 사회복지 차원에서 이 시대의 징표인 재능나눔을 구체적인 사목 계획과 정책을 통해 실천하고 뿌리내려야 할 것이다. 본당 공동체가 전 신자와 지역주민을 포함한 자원봉사자와 수혜자 연결망을 구성하고 운영하며, 재능나눔 교육과 봉사자 양성, 필요한 자원공급 등을 다루어야 한다.

재능나눔 사목의 이해

재능은 하느님이 각 개인에게 주신 고유한 탤런트다. 예수님은 탤런트 비유 이야기(마태 25,14-30)를 통해 각자 받은 탤런트를 늘린 종은 두 배의 상을 받지만, 늘리지 못한 종은 벌을 받는다고 말씀하셨다. 이 이야기는 하느님이 주신 재능을 이웃을 위해 잘 써야 한다고 강조한다. 탈출기도 성소 건립을 위해 재능을 발휘하라고 명령한다. "너희 가운데 재능 있는 이는 모두 와서, 주님께서 명령하신 모든 것을 만들어라."(탈출 35,10) 따라서 재능나눔은 하느님 사랑과 이웃 사랑의 구체적 실천이다.

사도 바오로는 성령께서 주시는 여러 가지 은사를 소개한다.(1코린 12,1-11) 병을 고치는 은사, 기적을 일으키는 은사, 예언의 은사, 식별의 은사, 신령한 언어를 말하거나 해석하는 은사 등을 지적한 후, 이 모든 은사가 공동선을 위하고 성령을 드러내 보여준다고 한다. 성령께 받은 은사는 각자 고유하다. 그러나 사도 바오로는 성령을 통해 은

사와 재능을 받았어도, 사랑이 없으면 아무 소용이 없다고 단언한다. 사랑이 없으면 자랑하고 교만해지며 뽐내기 때문이다(1코린 13,1-3).

이처럼 성경에 기초한 재능나눔을 본당사목에 접목하는 것이 '재능나눔 사목'이다. 재능나눔 사목은 나눔문화 확산이라는 시대적 사명에 의거한 문화사목의 일종인 동시에 새로운 교회복지모델이다. 재능은 개인 차원에서 이웃에게 기부할 수 있지만, 교회복지라는 공동체 차원으로 나눌 때 더 많은 이들에게 혜택을 줄 수 있다.

먼저, 기존의 교회복지와 새로운 교회복지를 제대로 이해할 때, 이를 바탕으로 올바른 재능나눔 사목을 펼칠 수 있다. 기존 교회복지의 나눔은 주는 자와 받는 자로 이분화 되어, 받는 자가 수동적인 수혜자로 계속 남으며 자신의 처지를 바꿀 수가 없다. 나눔과 봉사의 범위도 환자 돌봄이나 물질적 지원에 국한된다. 또 본당 봉사단체인 빈첸시오회나 카리타스는 소수의 봉사자 위주로 나눔과 봉사를 실천해왔다.

새로운 교회복지 모델인 재능나눔은 도움을 주는 쪽과 받는 쪽 모두가 나눔과 봉사의 상호주체로서 주고받는 관계를 이루고, 받는 자가 나중에 주는 자가 될 수 있다. 봉사와 나눔의 범위는, 환자방문이나 병자 돌봄 같은 기존 봉사활동뿐 아니라 독거노인의 오래된 집의 실내를 수리하는 인테리어 전문가들의 봉사, 어려운 형편의 청소년 상담이나 멘토 역할, 보유한 기술이나 예술 나눔 등 모든 신자가 다양한 방식으로 재능나눔에 참여하는 체계다. 따라서 재능나눔 사목은 시스템 구축과 운영을 위해 사목자와 재능나눔 봉사자들이 모든 사람들과 더불어 복음의 기쁨을 나누는 역할을 한다.

재능나눔 사목 분야

서울 카리타스 자원봉사센터 윤석인 소장은 재능나눔에 대해 다음과 같이 언급한다.

사람에게는 누구나 한 가지 이상의 재능이 있다. 미소를 짓게 하는 재능에서부터 나무를 깎고 다듬는 재능까지 재능의 종류는 사람마다 다르다. 개인뿐 아니라 단체도 재능을 갖고 있다. 내가 가진 아주 작은 재능이나 지식, 경험이라도 누군가에게는 유용하게 쓰이며 도움을 줄 수 있다. 재능나눔에 참여할 수 있는 분야도 다양해지고 있다.[3]

재능나눔의 분야는 아래와 같이 크게 다섯 가지로 구분된다.[4]

• '슈바이처 프로젝트'는 의료, 보건, 건강 관련 분야다. 요즘 노인들의 건강을 위해 수지침을 배워 봉사하는 이들이 점점 늘고 있다. 마사지를 통해 환자들, 특히 노인들의 건강을 돌보는 이도 있다. 신체 부위에 따라 발, 손, 어깨, 다리 등으로 나누어 봉사할 수도 있다.
• '오드리 햅번 프로젝트'는 문화·예술관련 분야다. 지역문화센터에 가면 서예를 비롯하여 수채화, 판화, 사진, 음악 및 각종 재주를 가진 이들이 교사가 되어 가르치고, 전시회를 열고 모금을 위한 행사까지 개최한다.
• '마더 데레사 프로젝트'는 저소득층을 위한 사회복지분야다. 요

리를 잘하는 사람은 도시락이나 간식을 만들어 어린이, 독거노인, 쉼터나 그룹 홈 등에 전해줄 수 있다.

• '키다리 아저씨 프로젝트'로 멘토링, 상담, 교육 관련 분야다. 상담 전문가들은 멘토링, 각종 상담, 교육, 학습지도, 법률과 세무 상담 등 전문분야가 필요한 곳에 봉사할 수 있다.

• '헤라클레스 프로젝트'는 체육, 기능, 기술 관련 분야다. 모든 체육활동을 포함해서 각종 기술(집수리, 엔지니어링, 운전, 전기)을 사용한다.

결국, 하느님이 주신 삶 전체가 재능나눔과 봉사로 이어질 수 있다.

재능나눔의 실제

• 재능나눔의 구체적 사례[5]

사례1. 시각 장애인을 위한 음성 도서녹음 봉사

사례2. 본당 주보 편집 봉사

사례3. 레지오 쁘레시디움의 목욕 및 주방 봉사

사례4. 색소폰 동호회의 연주 및 지도 봉사

사례5. 이·미용, 전기 배선, 청소년 상담, 식사 수발, 산책 동행, 청소, 안마 등 다양한 형태의 봉사.

• 재능나눔 은행[6]

2011년 초 역촌동 성당은 본당 신자 전체가 재능나눔에 참여할 수 있도록 '재능나눔 은행'을 설립한 바 있다. 이 은행은 신자 각 개인의 직업이나 재능을 모으고 분류하여 도움이 필요한 이웃에게 나누는 체계로, 모든 신자가 다양한 방법으로 재능나눔에 참여하도록 한다. 또 '재능나눔 은행'은 지역에 있는 노인종합복지관, 구청 사회복지과, 지역주민자치센터 등과 밀접하게 연계하여 유기적 협력관계를 가진다. 이 관계는 복지사각지대에 놓인 극빈층을 적극적으로 찾아내어 물질적 도움뿐 아니라 문화복지 혜택을 누리도록 효율적으로 배려할 수 있다.

서울 역촌동 본당에서 제작하여 배부한 '재능나눔 은행 봉사신청서'에 실린 '내가 나눌 수 있는 재능' 본보기가 흥미롭다. "이·미용, 전기 배선, 청소년 상담"처럼 다소 전문 분야도 있지만, "식사 수발, 산책 동행, 청소, 안마" 같은 실생활 분야도 있고, 심지어 "아무거나 봉사"라는 표현도 있다.

역촌동 본당 펠릭스 실내악단이 서울시립서북병원에서 환우들을 위해 공연을 하고 있다.

재능나눔으로 운영되는 바다의별 작은도서관

• 가톨릭시니어 재능나눔 학교[7]

서울대교구 교구청(명동)이나 여의도 성당에서 해마다 열리는 '가톨릭시니어 재능나눔 학교'는 역사, 수필쓰기, 영화감상, 스마트폰 활용법, 떡케익 만들기, 건강(뜸요법), 하모니카 연주, 마술, 이야기 할머니, 퀼트, 생활영어, 노래교실, 국악교실 등의 교육을 재능나눔으로 실시하고 있다.

• 불광동 성당 재능나눔

'바다의별 작은도서관'에서는 독서교육 자원봉사자 및 전문사서가 재능나눔 활동을 하고 있다. 또 바다의별 노인대학에서도 봉사자들이 재능나눔을 펼치고 있다.

재능나눔은행 봉사신청서

"너희가 여기 있는 형제 중에 가장 보잘것없는 사람 하나에게 해준 것이 바로 나에게 해준 것이다" (마태25:40)

구역 / 반		주민등록번호	
성명		본 명	
주 소		전화	(tel)
			(h.p)
가족 모두 봉사 참여		夫( ) 婦( ) 자녀 ( )	
내가 나누고 싶은 재능은? (자격증?)			
내가 본당에 활동하고 있는 단체는?			
없다면 본당에서			
내가 가입하고 싶은 단체는?			
본당 밖에서			
내가 나눔은행에서 하고 싶은 봉사는?		독거노인돌보기( ). 시설방문 봉사( ) 혹은 (아래참조) : ( )	

내가 나눌 수 있는 재능

예)모든 봉사. 식사수발, 산책동행, 청소, 이미용봉사. 종이접기.
전기배선. 어르신안마봉사. 아이들 돌봄. 청소년상담.
방과후 학습지도. 구연동화. 목욕봉사....

" 성령께서는 각 사람에게 각각 다른 은총의 선물을 주셨는데
그것은 공동의 이익을 위한 것이다"(고린토 12:5)

2016년 월일
신청인   (인)

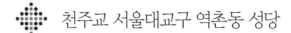 천주교 서울대교구 역촌동 성당

재능나눔의 종류: 나는 어떤 재능을 가지고 있을까?

슈바이쳐 프로젝트 ➡
- 의료, 보건, 건강과 관련된 분야
- 수지침, 마사지, 요가, 뜸, 의료 상담 등

오드리 햅번 프로젝트 ➡
- 문화, 예술 관련 분야
- 서예, 그림, 판화, 사진, 음악, 미술, 악기, 출판, 디자인 등

마더 데레사 프로젝트 ➡
- 저소득층과 사회복지 분야
- 반찬나눔, 환자 돌봄, 목욕 봉사, 장애인 돌봄, 소년소녀 가장 돕기 등

헤라클래스 프로젝트 ➡
- 체육, 기능, 기술 관련 분야
- 체육활동, 각종 기술(집수리, 엔지니어링, 운전, 전기공, 도배 등)

키다리아저씨 프로젝트 ➡
- 멘토링, 상담, 교육 분야
- 각종 상담, 교육, 학습지도, 법률과 법무, 세무 상담 등 전문 분야

재능나눔은행 : 봉사자와 어려운 이웃 간 네트워크 통한 나눔 체제

재능나눔은행에 가입하여
어려운 이웃에게
자신의 재능을 나눕시다 !

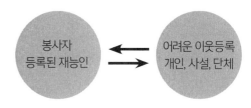

봉사자
등록된 재능인
⬅➡
어려운 이웃등록
개인, 사설, 단체

<재능나눔은행 봉사신청서>

구역 / 반		주민등록번호		
성명		본 명		
주 소		전화	(tel)	
			(h,p)	
가족 모두 봉사 참여		夫( ) 婦( ) 자녀 ( )		
내가 나누고 싶은 재능은? (자격증?)				
내가 나눔은행에서 하고 싶은 봉사는?		독거노인돌보기( ). 시설방문 봉사( ) 혹은 (아래참조) : ( )		

나오며

　재능나눔은 누구나 할 수 있고, 일상에서 이루어지는 실천이다. 그렇지만 10명 중 8명은 자원봉사를 하지 않는다고 한다. "당신은 왜 자원봉사를 하지 않습니까?"라고 물으면 "하는 방법을 모른다."는 응답이 가장 많다. 또 '자원봉사'하면 부담스럽다는 인식과 함께 참여하더라도 물질적인 기부나 몸으로 때우는 봉사에 그치는 경우가 많다. 따라서 교회는 더 많은 사람들이 쉽게 참여할 수 있는 재능나눔 사목을 실천할 필요가 있다.

　어느 영성 신학자는 "마음, 생각, 지갑이라는 세 가지 종류의 회심이 있다"고 한다. 그 중 가장 어려운 것이 지갑의 회심이라고 한다. 머리와 마음으로는 회개하고 하느님의 뜻을 깨달아도, 자신의 일부를 아낌없이 나누는 행동은 힘들다는 것이다. 하지만 재능나눔은 쉽게 자신의 어떤 것이라도 나눌 수 있고 보람을 느낄 수 있기에, 교회는 사목 차원에서 모든 이에게 참여의 기회를 제공해야 한다. 재능나눔 사목이 자리 잡히면 교회에 나눔 문화가 정착되고 확산될 것이며, 이로써 사랑과 자비를 실천하는 섬김과 나눔의 참 교회가 실현될 것이다.

　우리 주변에는 어려운 처지에 놓인 사람들이 많이 있다. 하느님께 받은 작은 재능을 그들과 함께 나눈다면 풍성한 열매를 맺을 것이다. 그 역할을 교회가 중심이 되어 실행할 때가 왔다. 재능나눔은 생명나눔이기도 하다. 또 이는 예수 그리스도의 사랑의 계명을 실천하는 새로운 방법이다. 멀리서 찾으려 하지 말고 지금 여기에서 자신이 가진 가장 작은 힘일지라도 함께 나누고자 할 때, 우리는 비로소 작은 그리스도가 된 것이다. 본당사목 활성화는 재능나눔의 활성화와 직결되어 있다. 깊은 기도와 신앙이 행동으로 나타나는 지표가 재능나눔이 될 것이기 때문이다. 옆 사람 눈치 보느라 힘 빼지 말고 자발적으로 할 수 있는 일에 용기 있게 나서보자. 그 순간 우리본당 공동체는 하느님 나라를 살게 될 것이다.

10장

영적 독서 피정

그리스도인은 고요한 곳에서 묵상하고 자신을 성찰하는 피정을 통해 하느님·이웃·자기 자신과 올바른 관계를 정립한다. 이 피정이 함께하는 '영적 독서'와 결합된다면 '대화와 만남'의 풍요로운 시간을 보낼 것이고, 더 성숙한 신앙인으로 거듭나는 것은 물론 더 조화롭게 하느님 나라를 이루어갈 것이다.

고요한 곳에서 묵상하고 성찰하며 기도하는 것이 일반적인 피정이다. 여기에 공통 주제로 '대화와 만남'이 더해질 때 더 풍요로운 피정이 될 수 있다. 특히 '영적 독서'를 한 후 그룹 공동체와의 나눔은 풍요롭고 귀한 자기 발견 시간이 될 수 있다. 급변하는 시대에 그리스도인에게 피정은 필수과정이 아닐 수 없다. 복잡한 내면을 고요히 정리할 수 있는 기회이기 때문이다. 일상의 크고 작은 갈등을 세심하게 들여다보고 원인을 찾아 해결하는 방법도 피정에서 찾을 수 있다. 무엇보다도 그리스도인은 하느님과의 관계, 이웃과의 관계, 자기 자신과의 관계를 올바로 정립하는 시간이 정기적으로 필요하다. 홀로 하는 묵상과 기도의 범위를 넘어 함께하는 '대화와 만남'의 과정을 통해, 우리는 보다 더 깊은 관계로 나아갈 수 있다. 그 한 방법으로 필자는 '영적 독서 피정'을 실시해오고 있다. 피정을 이끌려면 먼저 영적 독서의 분위기가 잡혀 있을수록 좋다. 알찬 신앙서적을 소개할 수 있어야 하고 신자들이 열심히 독서를 할 의욕이 있다면 더 좋을 것이다. 나아가 영적 독서 후 나눔을 할 수 있는 친교의 장이 자주 마련되면 소기의 목적을 달성할 수 있다. 본 장에서는 이런 영적 독서 피정을 어떻게 하면 잘 이끌 수 있는지 실제 체험을 통해 방법을 모색해 보고자 한다.

영적 독서 피정의 이해와 실제

관심이 높아지는 가톨릭 피정

오늘날 디지털 혁명, 4차 산업혁명, 인공지능 로봇, 빅 데이터 등 과학기술문명으로 인한 복잡다단한 변화가 이어지면서, 일상생활과 사회는 엄청난 변화의 소용돌이에 휩싸여 있다. 시공간의 경계가 무너지고 단축되면서 삶은 편리해졌지만, 자기 긍정성의 임계점을 넘으며 여러 문제가 발생한다. 자기착취로 인한 스트레스와 우울증이 만연한 피로사회, 중독사회, 위험사회로 치닫는 현실 때문에 상처와 절망이 생기고, 불확실한 미래에 대한 불안과 두려움에 모두가 노출되어 있다.

복잡하고 치열한 경쟁사회 속에서 자신을 둘러싼 불안정한 상황조차 인식하지 못한 채 앞만 보고 달려온 인생은 어느 날 자동차가 엔진과열로 갑자기 멈춰버리듯 '번아웃'(burnout)되는 순간을 맞닥뜨릴 수 있다. 저 높은 산꼭대기 점령만을 목표로 산을 오르면 곳곳에 피어 있는 아름다운 꽃들을 보지 못한 채 지나칠 수밖에 없다. 자신을 잃어버린 뒤에야 느끼는 당혹감과 삶의 허무감, 또는 절망의 나락에서 현대인은 또 하나의 '되찾은 아들'로 회복될 방법을 찾는다. 그것이 생명의 길이기 때문이다. 자기 자신을 찾기 위해 아버지를 만나려면 진정한 비움과 휴식이 필요하다.

'자아를 잃어버린 현대인'은 하느님과 자신을 만나게 해주는 피정에 점점 더 관심을 높이고 있다. 피정은 자신의 내면을 깊이 들여다보고 하느님과 함께 머물면서 자신의 새로운 변화를 모색하게 해주기 때문이다. 삶에 지친 사람들은 육체적, 정신적으로 편안한 휴식을 통해 자신의 영적 메마름을 해갈할 영적 오아시스를 찾아내어 삶의 기쁨과 희망을 얻고자 노력한다. 이런 피정에 대한 욕구가 늘어나면서 피정의 형태도 다양해지고 있다. 이 시대의 '포스트 포디즘'(post-Fordism) 특성[1]이 가톨릭 피정 프로그램에 고스란히 반영된 결과다. 2011년에 주교회의 미디어 팀이 발표한 자료에 따르면,[2] 2005년에 23개이던 피정 프로그램이 2010년에는 75개로 3배나 증가했다. 지금은 피정의 종류가 더 많이 늘어났으리라 예상한다. 그 중 가톨릭 영성피정과 청년 수도 생활 체험피정이 가장 많이 늘었고, 거기에 기도와 묵상, 심리 상담이 결합된 피정, 문화체험 피정 등으로 범위가 확산되면서 더욱 다채로워지고 있다.[3] 이러한 시점에서, 독서문화와 연계된 영적 독서 피정이 새로운 형태의 피정으로 주목받고 있다.

영적 독서 피정의 이해

• 새롭게 떠오르는 영적 독서 피정

피정은 고요한 마음으로 자신을 반성하고 성찰하며 하느님을 만나고 체험하는 은총을 통해 새 인간으로 거듭나는 회개 행위이다. 다시 말해서, "하느님과의 영적 만남을 위해 잠시 세속을 떠나 자기 내면을 들여다보는 가톨릭의 수련법이다."[4] 여기에는 전통적인 수련법뿐 아니라 현대인의 관심사를 접목한 피정들이 있다. 렉시오 디비나(성독, 거룩한 독서)나 이냐시오 영신수련 같은 전통적인 수련법도 호응이 크지만, 다양한 문화 체험과 접목한 새로운 형태의 피정이 등장하면서 모든 세대에 각광을 받고 있다. 그 중 피정에 가톨릭 독서 문화인 영적 독서를 접목한 '영적 독서 피정'이 새로운 피정 형태로 떠오르고 있다.

• 영적 독서 피정의 개념

영적 독서 피정은 신심서적이나 영성서적을 읽고 묵상하는, 책을 통한 피정 방식이다. 넓은 의미로, 영적 독서(spiritual reading)[5]는 하느님과 친밀한 관계를 맺기 위한 독서다. 그것은 이 시대에 만연된 물질주의와 세속주의에 오염된 우리의 마음과 영혼을 일깨워, 하느님과 만나는 시간을 통해 그분께 더욱 가까이 다가갈 수 있도록 인도한다. 영적 독서가 만들어내는 환경으로 인해 하느님과 상호 소통하는 삶을 더 충실하게 유지하는 분위기를 자아낼 수 있기 때문이다. 이러한 영적 독서 문화와 피정의 결합이 바로 영적 독서 피정이다.

이것은 영적 독서의 근본인 성경을 읽고 묵상하며 기도하는 '렉시오 디비나(성독) 피정'과는 별도로, 변화하는 시대 상황에 적합한 영성의 형성과 신앙생활의 적용에 도움을 주는 목적이 있다. 이 피정은 영적 독서 피정 지도자가 선정한 가톨릭 고전이나 성인에 관한 책, 현대 영성가들의 영성서적, 교회문헌이나 교회 가르침 등 다양한 교회 서적이나 복음적 가치를 담은 일반서적을 활용한다.[6] 이로써 피정 참여자들이 해당 서적 내용을 깊이 이해하고 그 의미와 가치를 삶에 적용하도록 인도한다.

영적 독서 피정의 효과

영적 독서는 신심행위 중 하나로, 신앙을 성숙시키고 풍요로운 영적 생활을 가져온다. 교회와 신앙 관련 서적을 읽을 때 사막처럼 메말랐던 영혼이 깨어나 하느님을 만나고 체험하는 은총을 입게 되며 그분께 더욱 가까이 다가가게 된다. 교회사 안의 위대한 성인, 성녀 대다수가 영적 독서를 통해 내적 회심과 영적 성숙을 체험하며 인생을 전환시킬 수 있었다.

영적 독서는 개인의 신심행위일 수 있지만 여러 사람을 대상으로 한 피정 형식일 때 더 큰 영적 효과들을 낼 수 있다. 첫째, 영적 독서 피정은 개인 독서가 아닌 여러 사람이 함께 하는 독서인 공독(共讀)을 하고, 느낌과 소감을 나누기 때문에 다른 사람들과 생각과 의견을 공유하게 되어 신앙생활이 더욱 풍성해질 수 있다.

둘째, 2007년 기준으로 교회 대 사회 독서율을 비교하면 큰 차이가 난다.[8] 일반서적을 일 년에 1권 이상 읽는 사람은 73%이지만, 교회서적을 1권 이상 읽는 신자는 41.4%로 큰 차이를 보인다. 이 통계조사로 미루어볼 때, 신자들이 교회서적을 얼마나 멀리하고 있는지 알 수 있다. 따라서 피정을 통해 신앙서적을 함께 읽고 나눈다면 영적 독서에 관심을 가지고 맛들이게 되어, 교회 안에 독서문화가 확산될 것이다.

셋째, 영적 독서 피정은 자기성찰과 반성으로 이끌어 자기복음화를 꾀할 수 있다. 인문학자 도정일 교수에 따르면, 책은 인간이 가진 독특한 능력인 기억, 사유, 상상, 표현 유지, 심화, 계발에 가장 유효한

영적 독서 피정에 유익한 책들[7]

① 『고백록』(아우구스티누스/397–400년): 삶의 진리

② 『준주성범』(토마스 아 켐피스/1418년): 삶의 기본 원리

③ 『팡세』(파스칼/1670년): 신을 잃은 인간의 비참함과 신을 찾은 인간 의 행복

④ 『하느님의 현존연습』(콩라 드 메르테스/1693년) 로랑 수사, 하느님 의식과 성찰

⑤ 『어느 시골 신부의 일기』(조르주 베르나노스/1936년) 고결한 인간 본성

⑥ 『천국의 열쇠』(AJ 크로닌/1941년): 참다운 인간애, 섬김의 자세, 숭고한 영혼

⑦ 『칠층산』(토머스 머튼/1948년): 절대적 진리를 찾는 인간의 갈구와 주의 섭리

⑧ 『침묵』(엔도 슈사쿠/1966년): 고통의 순간, 하느님은 어디에 계시는가!

⑨ 『하느님께 나아가는 길』(앤소니 드 멜로/1978년): 묵상 기도의 방법

⑩ 『왜 그리스도인인가』(한스 큉/1985년): 그리스도인의 본질, 참 인간.

매체다.[9] 책읽기는 스스로를 돌아보는 반성의 한 방법이기 때문에, 영적 독서 피정은 자기성찰과 자기 객관화 작업에 도움이 된다. 자기성찰을 위한 독서 피정은 '내가 누구인지', '내가 어떻게 살고 있는지' 스스로에게 질문하고, 이는 자기 성숙 및 다른 사람들과 더불어 살아가도록 이끌어준 것이다.

넷째, 영적 독서 피정은 신앙생활을 하면서 겪어왔거나 겪고 있는 아픔과 상처를 위로하고 치유해줄 수 있다. 또 참가자 간에 친교와 일치를 이루는 분위기를 만들어 줄 수 있다.

영적 독서 피정 사례

필자는 영적 독서 피정을 수차례 실시한 바 있다. 본당 신자나 외부 신자 대상으로 1박 2일 내지 하루 피정을 주관했다. 피정 프로그램은 미리 선정한 책 내용에 따라 다양하다. 책 선정과 프로그램 짜기는 전적으로 영적 독서 피정을 지도하는 사제에게 달려 있다. 지도자는 피정에 활용할 책을 선정하고, 책을 읽은 후에 프로그램을 만들

영적 독서 피정 모습

어야 한다. 어떤 책을 선정하든 피정 프로그램에는 반드시 피정 지도
자의 책에 대한 강의가 포함되어야 한다. 그 강의는 선정한 책 내용을
요약하고, 핵심 사상과 가치를 일깨워준다. 책에 담긴 의미 전체를 강
의할 필요는 없다. 다만 책을 읽어오지 못한 참가자라 하더라도 강의
를 듣고 책 내용을 이해할 수 있게 하여, 다른 사람들과 나눔을 하
는 데 도움을 준다.

　다음은 본당 신자를 대상으로 실시한 영적 독서 피정 사례다.

● 『고백록』을 통한 영적 독서 피정

① 취지

　가톨릭의 고전 중 하나인 『고백록』은 히포의
주교 아우구스티누스(354-430 AD)가 주교가
된 후에 저술한 것으로, 자서전이나 회고록이
아니라 자기 죄를 기꺼이 고백하고 은혜를 베푸
시는 하느님께 찬미와 감사를 올리는 이중의 의
미를 담고 있다. 이 책의 특징은 기억이라는 내

적 통로를 지나 하느님께 이르는 자신의 영혼에 관한 심오한 상념을
기록하였다는 점이다. 기억을 환기시키고 회상하는 작업은 힘들다. 박
완서 작가는 『그 많던 싱아는 누가 다 먹었을까』(2005)라는 장편소설
서문에 이렇게 썼다. "나는 지금 지쳐 있고 위안이 필요하다." 그는 이
소설을 순전히 기억에 의지해서 썼기 때문에 매우 힘들었다고 고백한
다. "기억을 환기시키기란 덮어둔 상처를 이르집는 것과 같아서 힘들

고 자신이 역겹기까지 하다."고 토로한다. 기억에는 좋은 것도 있지만 부끄럽고 아픈 상처로 묻혀 버렸던 것도 있기 때문이다. 성 아우구스티누스가 기억에 의존하며 자신의 삶을 깊이 있는 글로 고백하였음이 얼마나 힘들고 고된 작업이었는지를 박완서 작가의 고백에서 유추해 볼 수 있다.

피정이 침묵과 고요의 시간을 통해 하느님을 만나고 체험하면서 자신의 내면을 성찰하고 반성하며 회개 과정을 밟아가는 과정이라면, 가톨릭 고전인 성 아우구스티누스의『고백록』(2010)을 통해서 피정참가자는 기억을 통해 과거를 회고하면서 인생에서 체험한 기쁨과 슬픔, 행복과 불행을 묵상하고 자신의 죄스런 모습을 고백하게 될 것이다. 동시에 피정참가자는 하느님의 은총을 깨닫고, 나아가 자신만의 '고백록'을 만들어 하느님께 봉헌하며 앞으로 새로운 삶을 다짐하는 계기도 가질 것이다.

② 목적

책 내용을 이해한 후에 여러 번에 걸친 침묵 묵상을 통해 자기 인생을 들여다보고, 기억에 남는 자신의 삶을 글로 써서 '자기 고백록'을 만든다.

③ 프로그램 핵심 내용
· 선정한 책의 전체 내용을 파워포인트로 정리하여 강의한다.
· 자신의 전체 인생을 반성하고 성찰한다('생애 그래프' 활용).
· 인생의 각 단계를 묵상하고 글로 쓴다(4번 반복).
· 자기 고백록을 만든다.

· 자기 고백록을 파견미사 때 봉헌한다.

· 각자 자기 고백록을 집에 가져간다.

• 『천국의 열쇠』로 읽는 영적 독서 피정

① 취지

이 책은 세상의 명예와 권력이라는 성공을 추구하기보다 인간애와 보편적 종교관에 따라 섬김의 삶을 살아간 치점 신부 이야기다. 천국을 지향하며 살아가는 그리스도인은 지상에서도 천국을 체험하는 존재다. 천국에 대한 조화로운 이중성을 모범적으로 보여준 치점 신부의 일생은 종교의 유무를 떠나 모든 이에게 깊은 감동과 울림을 준다. 가난하고 고통 받는 이들과 함께 하고, 자신의 안위를 위해 세상과 타협하지 않으며, 이웃종교와 타 문화를 존중하고 개방적인 태도를 보인 치점 신부는 이상적인 인간성과 진정한 교회상을 대변한다.

이 책은 우리가 현재 어떤 삶을 살고 있는지, 신자로서 하느님 안에서 충만한 삶을 살기 위해 노력하는지 반성하게 하고, 치점 신부처럼 진실한 마음으로 하느님을 찾고 양심의 명령에 따라 하느님의 뜻을 실천하고 노력하도록 이끌어준다. 또한 치점 신부가 많은 갈등 속에서 사람들과 지낸 모습을 들여다보면서, 우리도 어떤 삶의 태도를 취해야 할지 모색할 수 있다. 어린 시절에 느낀 갈등, 중국에서 수녀님들의 태도, 안셀모 주교와 다른 사제상을 갖고 동행해야 하는 어려움 속에서도 치점 신부는 진심과 따듯함으로 하느님의 참된 사랑을 전하는 데 주저함이 없다. 우리가 살면서 공동체 안에서 체험하는 갈등을 어떻게 해결하는지 치점 신부를 통해 배우게 되고, 피정 참

『천국의 열쇠』를 독서하는 모습

가자들은 다른 사람들의 생각과 의견을 들으며 삶의 지평을 넓혀 성숙한 존재로 변화될 것이다.

② 목적

본당 신자들에게 가톨릭 고전인 『천국의 열쇠』를 읽는 기회를 부여하고, 주인공 치점신부가 보여준 참된 인간성을 배우며, 천국에 들어가기 위해 우리는 어떻게 살아야 할지 깨달음을 얻고자 한다.

③ 프로그램 내용
· 책의 전체 줄거리와 의미에 대해 강의한다.
· 그룹별 독서토론을 하고 정리한다.
· 그룹별로 정리한 것을 발표한다.
· 〈책 읽어주는 의자놀이〉[10]를 통해 책 내용 중 감명 깊은 장면을 의자에 앉아 낭독하고, 왜 그 대목을 선택했는지 자신의 삶과 연관지어 설명한다.

• 『가문비나무의 노래』를 통한 영적 독서 피정

① 취지

이 책은 바이올린을 만드는 장인인 저자가 자신의 경험에서 비롯한 통찰과 깊은 묵상으로 잔잔하고 아름다운 영혼의 울림을 전해준다. 교회서적 내지 신심서적 형식을 띤 것이 아니기에, 종교의 유무를 떠나서 누구나 쉽게 공감하며 삶의 지혜를 얻을 수 있고, 신앙인이라면 가톨릭 고전인 『준주성범』처럼 늘 옆에 두고 자주 읽으면서 영혼의 양식을 얻게 해주는 책이다.

믿음과 일상이 하나 되는 순간에 비로소 인생에 울림이라는 소명을 찾을 수 있다는 진리에서 '내 삶의 소명은 무엇인가?'를 고민하게 한다. 우리가 '하느님의 악기'라는 정체성을 깨달을 때 각자 고유한 아름다운 울림, 자기만의 공명을 낼 수 있다. 그러나 그 울림은 돈과 권력과 명예라는 세속적인 것에 매달려 영혼이 메말라가면서 점점 변질되고 잊어버린다. 저자는 이 순간에 신약성경에 나오는 세관원 '자캐오'처럼 조율하는 인간이 되어야 함을 깨우친다.

이 책은 52주 365일의 이야기로 구성되어 있다. 매일 묵상을 위한 책처럼, 자신을 매일 돌아볼 수 있게 짜놓았다. 그러나 이 책을 피정에 적용할 때는 참가자들이 생각과 의견을 나누면서 책의 의미를 다각도로 체험하고, 각자의 신앙과 삶의 폭을 넓히며, 더 지혜로운 삶과 내적인 깨달음으로 나아가도록 이끈다.

② 목적

본당신자와, 특히 본당에서 활동하는 봉사자를 위해 이 책을 가지고 피정하면 더욱 좋을 것이다. 보편적 목적은 이 책의 다양한 관점을 여럿이 함께 나누게 하여 나태해진 신앙생활에 활력을 불어넣어 주는 데 있다. 특히 봉사자들이 자신의 정체성, 소명의식, 봉사의 참 의미를 깨닫는 데 많은 도움이 될 것이다.

③ 프로그램 핵심 내용
· 책의 전체 줄거리와 의미에 대해 강의한다.
· 그룹별 독서토론을 하고 정리한다. (정리는 도화지에 크레파스로 그룹원이 한마음이 되어 그림으로 표현한다)
· 그룹별로 정리한 것을 발표한다. (발표는 그룹원이 함께 그린 도화지

책 읽어주는 의자놀이

를 앞에 붙여놓고 그림을 설명한다)

· 〈책 읽어주는 의자놀이〉를 통해 책 내용 중 감명 깊은 장면을 의
  자에 앉아 낭독하고, 왜 그 대목을 선택했는지 자신의 삶과 연관
  지어 설명한다.

아우구스티누스의 고백록을 통한 영적 독서 피정

일 시 : 2011년 5월 20-21일(금-토)
장 소 : 우이동 명상의 집
일 정 :

• 5월 20일(금)

17:00 ~ 18:00	칭찬 릴레이 및 오리엔테이션
18:00 ~ 18:50	저녁식사
18:50 ~ 20:00	강의
20:00 ~ 20:10	제 1 묵상(10분: 전 생애를 짧게 묵상)
20:10 ~ 20:20	생애 그래프 설명
20:20 ~ 20:30	생애 그래프 그리기
20:30 ~ 20:50	휴식 시간
20:50 ~ 21:10	제 2 묵상(20분: 결혼 전까지)
21:10 ~ 21:30	자기 고백록 쓰기
21:30 ~ 21:50	두 눈 마주보기
21:50 ~ 22:00	휴식 시간
22:00 ~ 22:30	제 3 묵상(30분: 결혼 후 10년간)
22:30 ~ 22:50	자기 고백록 쓰기
22:50 ~ 23:30	아가페 예식
23:30 ~ 24:00	친교 시간

• 5월 21일(토)

07:00 ~ 07:20	기상 / 세면
07:20 ~ 08:00	아침 기도
08:00 ~ 08:30	아침 식사
08:30 ~ 09:00	십자가의 길 기도문 준비(그룹)
09:00 ~ 10:30	십자가의 길
10:30 ~ 11:00	제 4 묵상(30분: 결혼 10년 이후부터 현재)
11:00 ~ 11:30	자기 고백록 쓰기 및 끈으로 묶기
11:30 ~ 12:20	파견 미사
12:20 ~ 13:00	점심 식사
13:00	기념촬영 및 피정의 집 출발

영적 독서 피정 일정

일시: 2015. 11월 22(일) 오후 2시~6시

장소: 불광동 성당 1층 강당

목적:

영적 독서를 피정 형식과 결합하여 성경과 신심서적 읽기, 묵상,

느낌과 체험을 나누면서 자기 삶을 성찰하고 성숙시키기 위한 시간이다.

프로그램:

14:00	~	14:20	성가 부르기 & 묵상(아무 것도 너를)
14:20	~	15:20	<천국의 열쇠> 강의
15:20	~	16:00	<천국의 열쇠> 조별 나눔
16:00	~	16:30	조별 발표(간식과 함께)
16:30	~	17:00	책읽어주는 의자놀이: 의미있는 내용 읽어주기
17:00	~	18:00	파견 미사(주일 미사)
18:00	~		집으로

위 프로그램은 상황에 따라 변경될 수 있음

주관: 가톨릭독서아카데미

2016년 여성 구역 반장 피정

일시: 2016년 10월 13일(목)

주제: 영적 독서 피정(「가문비나무의 노래」)

시간	내용		비고
10:00 ~10:40	미사		미사지향: 여성 구역장, 반장 위해
10:40 ~12:00	강의(I): 책「가문비나무의 노래」		강의 전 간단한 게임 강의는 PPT로 '봉사자'까지 묵상: 1. 나에게 죽은 가지? 　(혼자 묵상: 배경음악) 2. 정체성과 소명(옆 사람과 나눔) 3. 봉사자의 자세(옆 사람과 나눔)
12:00 ~12:40	점심식사		
12:40 ~13:00	생활성가		
13:00 ~14:00	강의(II): 책「가문비나무의 노래」		강의 전에 간단한 게임 강의는 PPT로 '봉사자'까지 묵상: 1. 직선적 삶과 믿음(옆사람과 나눔) 2. 어려움을 겪을 때(가장 가슴 아픈 　에피 소드 쓰기: 10분 + 발표자 1명) 3. 하느님의 악기(포스트잇; 연주하고 　싶은 곡: 하고 싶은 것을 적어 봉헌)
14:00 ~15:00	그룹 나눔	책에서 기억하고 싶은 내용을 나눔 (40분)	6개 그룹이 각자 방으로 가서 그룹원과 책 내용을 나누고, 나눈 내용을 요약하여 그림으로 표현한다. 각 그룹에 전지와 크레파스를 나누어준다.
		나눈 것 중에 핵심을 모아 전지에 그림으로 표현 (20분)	
15:00 ~15:20	그룹 발표 및 마침 PPT		그림을 설명한다. PPT는 배경음악

나오며

영성 독서 피정은 영성 독서방법 안내도 필요하고, 피정 지도방법도 잘 알고 있어야 가능한 사목이다. 이를 위해 본당 공동체가 영적 독서를 꾸준히 할 수 있도록 분위기를 만들고 신심 서적을 읽도록 안내하는 일이 중요하다. 사목자가 신앙 서적을 선별하여 미리 읽고 신자들에게 소개하면 좋다. 또한 신자들은 사목자의 지도에 따라 의욕적으로 독서를 하고 공동체 안에서 나누려는 의지가 있어야 한다.

이에 필자는 영성 독서지도자 양성의 필요성을 절감하고 현재 그 사명을 실천하고 있다. 이 노력은 앞으로 영성 독서 피정을 하는 데 크게 이바지할 것이다. 영성 독서 피정은 다른 피정에 비해 더 준비해야 한다. 진행 사제는 피정 참가자들이 공감할만한 수준으로 책 내용뿐 아니라 대화 분위기를 안내해야 한다. 피정참여자는 충분히 책 내용을 숙지하고 여러 질문거리를 만들어 온다면, 읽은 책을 가지고 소통하기가 좋을 것이다. 현대인이 복잡한 내면을 차분히 정리하고 온전한 호흡으로 하느님을 만나기 위해서 피정은 앞으로 더욱 중요해질 것이다. 이때 독서문화와 접목된 영성 독서 피정을 시도하면 참가자들은 신선한 감동과 느낌을 받으며, 영적 세계가 더 넓고 풍성해져서 이웃과 복음의 기쁨을 나눌 수 있게 될 것이다.

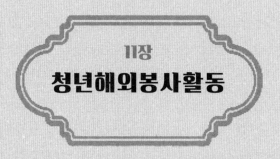

11장

청년해외봉사활동

해외봉사활동은 청년들의 견문을 넓혀주고 세계시민의식을 심어준다. 그들의 의식 깊은 곳에 '우리 공동의 집'인 지구가 각인되고 예수 그리스도가 가르쳐주신 하느님을 체험할 것이다. 물질적 풍요와 성공을 벗어나 가장 낮은 자리에서 가장 가난한 모습으로 오시는 하느님을 직접 만나고 하느님의 진실한 사랑도 깨달을 수 있을 것이다.

들어가며

　서울대교구 제3 은평지구는 2014년에 청년해외봉사활동을 시작하였다. 필리핀 빈민촌 중 하나인 바그나 지역에서 집수리 봉사와 교육봉사를 실시해왔고, 앞으로 도서관을 건립하여 어려운 환경의 아동들에게 배움의 공간을 제공하려는 목표를 갖고 진행 중이다. 한국에도 어려운 이웃이 많은데 군이 해외로 나가 봉사를 하는 이유는 청년들이 견문을 넓히고 세계시민의식을 갖추어 세계 선교의 주춧돌이 되게 하기 위함이다. 청년은 한국 가톨릭교회의 미래다. 이들이 현실의 어려움에 안주하지 않고 진취적으로 미래를 준비하고 도전할 수 있는 기회를 교회 차원에서 제공한다면, 청년 사목은 한 걸음 더 나아갈 수 있을 것이다. 청년의 의식 깊은 곳에 '우리 공동의 집'인 지구가 각인되고 예수 그리스도의 가르침인 어려운 사람에게 눈을 돌릴 수 있는 마음이 심어진다면, 청년해외봉사활동은 자연스럽게 청년들의 참여를 북돋울 수 있을 것이다. 정부기관을 비롯하여 기업체, 대학, 종교기관에서는 수많은 청년들을 대상으로 해외봉사활동을 진행하고 있다. 한국 가톨릭교회에서 청년해외봉사를 적극 추진하여 기꺼이 그들에게 참여와 체험의 문을 열어준다면, 그 효과는 수십 배 수백 배 선교의 결실로 다가올 것이다.

이 장에서는 서울대교구 제3 은평지구가 중심이 되어 실시해온 청년해외봉사활동을 소개할 것이다. 먼저 청년해외봉사활동의 의미를 살펴보고, 본당사목에 어떻게 접목할 수 있는지 알아본다. 마지막으로, 청년해외봉사활동의 조직과 운영방법을 제시한다.

청년해외봉사의 이해와 실제

세계화 시대의 해외봉사

세계화 시대에 경제선진국으로 성장한 한국은 해외의 어려운 이웃을 돕는 해외원조, 국제구호활동, 다양한 봉사활동 등에 참여하고 있다. 한국국제협력단 코이카(KOICA)[1]는 '함께 잘 사는 인류사회 건설'이라는 모토 아래 1990년대부터 해외에 진출해 많은 나라에서 국제협력과 봉사활동을 해왔다. 또한 대기업이나 대학 주도의 청년 대상 해외봉사단도 꽤 많이 운영되고 있다.[2] 불교, 개신교, 가톨릭 역시 종교기관을 통해 청년을 대상으로 하는 선교나 사목의 일환으로 오래 전부터 해외봉사를 실천해왔고 점차 조직적으로 확산되는 추세다. 해외봉사단원들은 대부분 젊은 층으로, 전 세계 가난한 나라에서 봉사하며 폭넓은 경험을 쌓고 있다.

세계화는 인종, 언어, 민족, 문화, 지역 차이를 넘어 시공간상으로 매우 밀접하게 연결되고 가까운 이웃으로 살아가는 '지구촌'을 형성여, 인류가 '우리 공동의 집'[3]에서 한 가족을 이루도록 만들어왔다. 반면 전 세계적인 부의 불평등, 착취와 배척, 전쟁과 테러, 부패와 불의로 구조적 가난을 겪는 나라와 변두리에 몰린 사람들이 점증하고, '무관심의 세계화'는 가난하고 소외된 이들을 고통과 절망, 죽음의 나락으로 빠뜨리고 있다.[4] 이러한 시대적 도전 앞에서 교회는 새로운 복음화의 사명을 수행하기 위해 '가난한 이들을 위한 우선적 선택'을 기치로 나눔과 봉사가 필요한 곳은 어디든 투신하여 그리스도의 사랑을 실천해야 한다.

한국 가톨릭교회는 최근에 그리스도의 사랑을 세계적으로 실천하는 해외봉사활동에 관심을 가지고 다양한 시도를 펼치고 있다. 교구나 수도회가 주도하는 정기 청년해외봉사활동을 실시하고 있으며, 몇 년 전부터 여러 본당 공동체가 청년사목의 일환으로 일시적 혹은 정기적으로 해외봉사활동에 청년들을 참여하도록 기회를 마련해왔다.

청년해외봉사의 의미와 효과

청년들의 해외봉사나 해외자원봉사가 늘어나고 있다. 정부기관을 비롯해 민간기관이나 종교 단체가 주도적으로 청소년과 청년 대상으로 해외봉사의 기회를 제공해왔고, 젊은 자원봉사자들이 적극 참여하면서 관심이 점점 높아지고 있다. 그러나 해외봉사는 봉사라는 정확한 이해와 충실한 준비가 되어있지 않으면, 취업을 위한 이력서의 스펙으로 전락하고 만다. 따라서 해외봉사의 의미가 무엇이며 어떤 자세가 필요한지 살펴보는 것이 중요하다.

청년해외봉사의 개념[5]

청년해외봉사를 통해 청년들은 폭넓은 시각을 갖고 진정한 봉사의 의미와 가치를 깨닫게 된다. 해외에 나가면 문화와 지역과 인종과

언어가 다른 현지인을 만난다. 그 인연을 통해 청년들은 세계 시민의 식을 갖게 되고 고국에 돌아와서도 진정한 세계시민으로 살아가려고 노력한다. 해외봉사는 이처럼 자신의 미래를 위한 스펙 준비가 아니라 참된 봉사정신으로 세계인들과 소통하고 나누면서 넓어지고 고양된 의식으로 변화시켜주는 데 의미가 있다.

해외봉사 프로그램은 기간에 따라 1년 이상의 장기봉사와 반년 이내의 중기봉사, 2주간 정도의 단기봉사가 있다. 청년 해외봉사의 경우 대부분 단기봉사여서 교육봉사, 노력봉사가 많고 문화공연은 하루 정도 정해서 활동하는 경우가 많다.

교육봉사 프로그램에는 주로 한글, 음악, 미술, 체육, 위생, 성교육 등이 있고, 현지 아동들이 계속 꾸준히 참여할 수 있도록 구성해야 한다. 그러려면 현지 문화를 잘 파악한 후 그에 적절한 프로그램을 만들어야 공감을 이끌어낼 수 있다.

노력봉사는 주로 건물이나 집을 수리하거나 지어주는 경우다. 서울대교구 제3 은평지구 청년봉사단은 필리핀 바그나 지역에서 파손된 집을 수리하는 노력봉사를 해왔다. 노력봉사를 하기 위해서는 현지의 자연환경을 잘 알아야 하고 단련된 체력과 인내심 등이 필요하다.

문화공연은 보통 마지막 날 현지인들 앞에서 공연을 하는 방식으로, 청년봉사단원들의 주특기를 중심으로 진행한다. 이때 한국의 전통예술을 보여줄 수도 있다. 탈춤이나 사물놀이, 태권도 등이 인기 있다. 또 케이팝(K-pop)이나 마술 재능을 가진 청년봉사단원이 공연을 펼치기도 한다. 현지 문화공연도 포함시키면 효과가 클 것이다.

청년해외봉사의 효과

· 해외에 파견되어 봉사하면서 글로벌한 시각을 통해 세계시민의식
  을 형성하고 고취한다.
· 가난하고 소외된 이웃과 나누고 봉사하는 정신을 함양한다.
· 서로 협동하고 배려하는 것을 배운다.
· 여러 봉사활동에 참여하면서 프로그램 기획력과 창의력을 배양하
  게 된다.

청년해외봉사에 대한 사목적 접근

신자들 중에 이런 질문을 하는 경우가 있다. "우리나라에도 도울
사람이 많은데, 왜 외국까지 도와야 하나요?" 만약 우리가 국경 안
에 머물면서 물리적으로 가까운 어려운 이웃만 도와주었다면, 마더
데레사 성녀나 이태석 신부, 한비야 같은 세계적인 봉사자는 나오지
않았을 것이다. 그들의 공통점은 국경, 인종, 민족, 언어, 문화 차이나
거리에 상관없이 '강도를 만나 초주검이 된 사람'(루카 10장 참조), 그
래서 도움이 절실한 사람은 누구나 이웃으로 받아들였다는 점이다.
그리스도교적 이웃 개념은 국경을 초월하여 생명의 가치와 사랑을
드러내고, 지구촌에 사는 모든 인류에게로 확대되어 있다. 세계화된
이웃사랑의 실천 방식 중 하나가 해외봉사다.

최근 한국 가톨릭교회는 '받는 교회'에서 '나누는 교회'로 전환되
면서 국경을 넘어 아시아와 세계를 향한 해외원조와 국제협력, 봉사

활동을 적극 펼치고 있다. 특히, 교회의 해외봉사는 2000년대 전후에 시작되어 전국 각 교구와 수도회, 청소년청년사목 기관과 단체들로 폭넓게 확산되는 추세다. 가장 먼저 살레시오회의 '청소년국제자원봉사단'이나 예수회의 '기쁨나눔재단'의 청년 국제자원 활동가 프로그램과 같은 수도회 중심의 해외봉사활동이 시작되었다. 그 후 여러 교회 소속 단체가 이어오고 있다. 한국가톨릭의료협회는 매년 해외의료봉사단을 파견해왔고, 가톨릭대학교 국제봉사단은 방학을 이용해 대학생 봉사활동을 진행하고 있으며, 서울대교구 한마음한몸운동본부가 단기국제봉사단 「띠앗누리」를 매년 운영해왔다.

2010년 전후로 교구, 지구 및 본당 차원에서 해외봉사활동에 대한 사목적 관심이 높아지면서 지속적이고 일관된 새 사목 프로그램으로 정착되고 확산되고 있다. 청주교구 청소년 사도직 '또래사도 해

외 선교체험 프로그램'이 가장 먼저 시작된 것으로 보인다. 2007년 필리핀 빠야타스 지역에서 시작된 프로그램으로, '또래사도'들은 교구의 지원을 받아 사업을 하고, 수익은 현지를 돕는 데 사용한다. 수원교구의 '세잎클로버' 운동은 2013년에 시작됐다. 행운의 '네잎'이 아닌, 일상의 행복을 상징하는 '세잎' 클로버 운동은 주고받고 나누는 사랑의 실천 운동을 지향하며, 그 일환으로 해외봉사단을 파견하고 있다. 대전교구 청소년사목국은 8박9일 일정의 '해외문화교류' 프로그램인 '피앗'을 운영한다. 약 7년 동안 6개국을 방문했고, 향후 15개국까지 방문할 예정이다. 대구대교구는 'YHY 해외봉사단'을 파견하고 있으며, 제주교구는 'CUM 캄보디아' 프로그램을 매년 여름 진행한다. 지구 차원에서 서울대교구 제3지구 청년해외봉사단은 2014년에 결성하여 지구 내 청년뿐 아니라 타 본당 청년까지 참여하여 매년 겨울과 여름에 해외봉사활동을 펼쳐왔다. 본당 차원에서는 개포동 성당, 세종로 성당, 역촌동 성당, 불광동 성당 등 여러 본당에서 청년사목의 일환으로 해외봉사활동을 일시적이거나 간헐적으로 시도한 적이 있다.

오늘날 해외봉사활동에 대한 사목은 시대적인 요청이다. 교회는 침체된 청년활동과 신앙공동체에서 멀어져가는 청년들로 인해서 청년사목의 한계를 체험하고 있다. 한편 청년은 청년대로 '헬조선'과 '수저계급론'을 뛰어넘을 수 없는 암울한 사회현실에 처해 있다. 교회가 이 시대적 징표를 제대로 읽어서, 청년들이 처한 현실에 관심을 가지고 잘 극복할 수 있도록 대안을 제시해야 할 것이다. 이 상황에서 교구나 지구, 본당에서 시도할 수 있는 사목적 대안의 하나는 '청년해외봉사활동'이다. 교회가 추진하는 해외봉사체험은 청년들의 인성과 태도, 신앙심에서 다음과 같은 긍정적인 변화를 가져다주기 때문이다.[6]

첫째, 봉사가 베푸는 것이 아니라 많은 것을 배우는 기회임을 깨닫는다. 가난이 무엇인지, 가진 것이 없는데도 어떻게 행복하게 살고 있는지를 알게 된다. 둘째, 깨달음은 깊은 자아성찰과 자기반성으로 이어진다. 자기중심적이던 청년들이 주변을 돌아보고, 삶의 의미와 가치를 깊이 성찰하게 된다. 셋째, 이러한 성찰은 신앙과 교회에 대한 근본적인 관심을 불러온다. 이외에도 해외봉사활동은 청년들에게 여러 면에서 변화를 가져다주고, 새로운 눈으로 삶을 바라보도록 해준다.

결국, 청년해외봉사는 지구촌에 어려움을 겪는 이웃이 있다는 비참한 현실을 체험하게 하며, 사회생활을 하면서 도움이 필요한 이웃과 나누는 존재로 변화하게 만든다. 부수적인 효과로는, 봉사활동을 다녀온 청년들이 본당 청년활동에 더욱 적극 참여하고 다른 청년들을 자극하여 청년사목을 활성화하도록 견인차 역할을 한다는 점이다. 청년사목에 관심을 두고 있는 교구라면 지구 단위로 해외봉사활동을 추진할 수 있도록 구성하고 재원을 마련해야 한다.

실제 사례:
서울대교구 제3 은평지구 청년해외봉사단

서울대교구 제3 은평지구는 2014년 청년해외봉사단 출범을 위해 사무국을 열었다. 그리고 그해 6월 7박8일 일정으로 봉사활동을 위

해 1기 청년봉사단 34명이 필리핀 바그나 지역을 다녀왔다.[7] 지도에서 살펴보면 바그나 지역은 마닐라 북쪽에서 한 시간 반쯤 떨어진 빈민촌이다. 거기서 봉사단은 집수리와 교육봉사를 했다. 그 지역에서 가장 낙후된 네 곳에서 수리작업을 진행하였고, 공소를 베이스캠프로 인근 지역에 나가 봉사활동을 펼쳤다.

은평지구 청년봉사단의 노력으로 현지의 가난한 가족들은 한글 현판 '사랑해요 0호점'을 달아 새 공간에서 새로운 삶을 시작했다. 청년봉사단은 어린이들을 모아 한글을 가르치고 가요도 함께 부르며 십자가를 만들고 운동회를 열어 달리기나 줄넘기 등을 진행했다.

청년해외봉사활동이 4기까지 지속되고, 현재 5기가 2017년 2월에 미얀마 봉사활동을 준비하고 있으며, 앞으로도 꾸준히 계속될 수 있는 것은 서울대교구 제3 은평지구 청년해외봉사단 사무국의 활동 때문이다. 이 사무국은 단체 후원금이나 물품을 전달하는 역할을 맡고 있으며, 더 많은 청년들이 소중한 체험을 할 수 있도록 안내하고 있다.

서울대교구 제3 은평지구가 청년해외봉사단을 출범시킨 목적은

다음과 같다. 첫째, 어렵게 살아가는 가난한 이웃들을 도울 수 있도록 청년들의 배려와 신앙심을 고취시키고자 한다. 둘째, 청년들 간의 교류 및 공동체 의식을 고취시키며, 함께 사회를 이끌어갈 수 있는 리더를 양성하고자 한다. 셋째, 청년들이 미래에 신앙심을 바탕으로 사회활동과 성가정을 이루도록 돕고자 한다.

청년해외봉사를 위한 고려 사항

첫째, 교회는 청년사목과 연계된 해외봉사활동의 필요성을 깊이 인식해야 한다. 교회의 사활은 청년의 미래에 달려 있다. 고령화 시대에 교회의 명맥을 이어갈 청년을 찾기 어렵다면 교회는 쇠퇴할 수밖에 없다. 청년들이 적극적이고 자발적으로 참여할 기회를 사목적 차원에서 고려할 때, 해외봉사활동이야말로 매우 유효한 수단이다. 둘째, 교회는 해외봉사에 참여하기 어려운 젊은이들에게 참여 기회를 확대할 방안을 고민해야 한다. 특히 다양한 재원을 계발해 재정 지원에 적극 임해야 한다. 셋째, 청년해외봉사의 질적 성숙을 위해 다각적인 연구와 조사를 실시하고 개별 활동을 지원하는 한편, 필요하다면 통합적 추진까지 고려할 만하다. 넷째, 활동대상 지역을 꾸준히 방문하고 일관되게 봉사해야 한다. 특히, 단기 해외봉사 프로그램들은 단순한 이벤트가 아닌 장기적으로 이어갈 수 있도록 유의해야 한다. 다섯째, 파견 전에 적절한 교육과 공부를 통해 해당 국가의 문화를 이해하고, 유행하는 질병에 철저히 대비해야 한다.

나오며

　봉사활동은 주고받는 나눔이지, 일방적인 희생이 아니다. 청년해외봉사를 통해 현지인들은 물질적 도움이나 교육 등의 혜택을 얻겠지만, 청년들은 그보다 훨씬 더 값진 그리스도적 사랑을 몸소 체험할 것이다. 문화적 소외와 극빈의 어려움에 처한 현지인들에게 한국 가톨릭 청년들의 손길은 목마름을 적셔주는 물이 될 것이다. 나아가 해외봉사에 임하는 청년들은 공동의 집인 지구촌의 일원으로서 자부심을 갖고, 한국에 돌아와서는 전 세계를 아우르고 섬기려는 의식으로 자신의 사명을 활기차게 성취해갈 것이다. 이런 긍정적인 결실을 위해, 한국천주교회가 나서야 할 때다. 하느님께 거저 받았으니 거저 베풀어야 할 때가 온 것이고, 우리가 어려운 시기에 해외로부터 받았던 지원을 이제 우리보다 더 어려운 나라에 보답할 때가 온 것이다. 고 이태석 신부의 해외선교의식을 본받아 청년들의 해외봉사활동이 적극적으로 이뤄진다면, 그 활동은 당연히 선교의 주춧돌이 될 것이다. 필자는 그 필요성을 일찍이 절감하여 제3 은평지구 청년해외봉사단을 결성하여 지속해왔고, 문화사목의 일환으로 청년해외봉사를 청년사목의 차원에서 실행해야 할 때임을 강조하고 있다.

해외여행을 떠날 때 철저히 준비해야 하듯이, 해외봉사활동을 떠날 때는 더 꼼꼼하게 준비해야 할 것이다. 학업과 취업에 지친 청년들이 현실의 굴레에서 좌절하지 않고 넘치는 활력으로 미래를 준비할 수 있는 길은 바로 새로운 도전에 있다. 그 도전의 선봉에 해외봉사활동이 있는 것이다. 본당 차원에서 실시하는 청년해외봉사활동은 하느님의 일을 체험하도록 이끈다. 물질적 풍요와 성공을 벗어나 가장 낮은 자리에서 가장 가난한 모습으로 오시는 하느님을 직접 만나는 기회가 될 것이다. 이제 교구, 지구, 본당이 더 적극성을 가지고 청년들의 해외봉사활동을 조직적이고 체계적으로 지원하고 후원하여, 청년사목의 활성화는 물론이고 청년들의 신앙과 삶에 긍정적인 변화가 이루어지기를 희망해 본다.

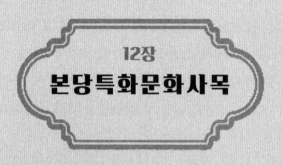

12장
본당특화문화사목

오늘날 교회가 '새로운 시대의 새로운 복음화'를 추구하려면 본당마다 특화된 문화사목을 통해 고유한 공동체로 거듭나야 한다. 문화는 딱딱한 돌멩이를 부드러운 생명체로 느끼게 하는 힘이 있기에, 본당 사목에 문화의 옷을 입혀 물결치게 하면, 신자들의 깊은 내면세계까지 천천히 스며들 것이고 마침내 본당공동체에 새로운 사랑이 넘실거릴 것이다.

본당사목구는 복음화라는 교회사명을 위한 교회직무인 전례, 교육, 봉사, 선교, 친교를 사목으로 수행하는 신앙공동체다. 이 공동체 안에는 지역, 연령, 성, 분야, 취향 등에 따른 다양한 본당사목이 존재한다. 또한 본당공동체가 처한 시대 상황이나 구성원의 욕구가 반영된 새로운 사목 프로그램들이 정기적으로 혹은 일시적으로 실행되기도 한다. 그러나 어떤 본당사목이든 시대적 징표나 문화코드를 고려하지 않는 채 사목자의 일방적인 사목계획과 정책을 실천하는 것은 신자들의 적극적이고 자발적인 참여를 유도하지 못하고 외면당한다. 그러므로 최근에 교회가 추구하는 '새로운 시대의 새로운 복음화'에 부합한 본당사목이 되려면, 사목자는 '새로운 사목패러다임'[1]을 이해하고 긍정적으로 도입하여 본당 활성화를 꾀해야 할 것이다. 지금까지 소개한 문화사목 이외에 본당 공동체의 활성화와 신자 개인의 신앙성숙에 도움을 줄 수 있는 문화사목 프로그램을 몇 가지 소개한다.

본당특화문화사목 사례들

기존 사목에 문화를 접목한 프로그램

기존 본당사목에 문화의 옷을 입힐 때, 신자들은 신선한 느낌을 받고 적극적이고 성실하게 참여할 수 있다. 예를 들어, 필자가 불광동 본당에 부임한 다음 해부터 첫 교육 프로그램으로 '전 신자 성경공부'와 '영성수련'을 각기 2년씩 실행하였다. 사실 성경공부나 기도, 영성공부는 대다수 본당에서 공통으로 실시하는 프로그램이지만, 몇 가지 문화적 장치를 도입한 결과 참여자들의 만족도가 매우 높게 나타났다.

- 성경학교

① 목적
「바다의별 성경학교」는 신구약 성경공부를 통해 하느님 말씀에 맛을 들여 성숙한 신앙인으로 살아가도록 이끈다.

② 일시
2013년 3월~2014년 12월(2년 과정), 매주 화요일 저녁 8~9시 30분

③ 방식
· 〈영원한 도움의 수녀회〉에서 성경 40주간 강의를 담당하는 수

녀를 초대하여 저녁 8시부터 약 한 시간 강의를 한다. 강의 때마다 파워포인트를 활용한다. 처음에 신청자는 450명 정도였는데, 나중에 시간이 지나면서 300명 정도로 정착되었다.

· 한 달에 한 번 본당 주임신부가 해당 성경내용을 강의한다. 이는 본당 주임신부가 성경학교 교장으로서 계속 관심을 가지고 있다는 사실을 신자들에게 알려주고, 신자들과 상호 교류를 통해 보다 친밀해지도록 해준다.

· 한 시간 강의가 대성전에서 끝난 후, 조별로 해당 성경 내용 나눔을 실시한다. 조별로 배당된 교실로 가서 성경말씀과 강의내용을 가지고 서로의 삶을 나눈다.

· 구약의 탈출기를 공부한 후, 참가자 모두 함께 〈파스카 예절〉을 실시했다. 채소, 빵, 닭튀김, 포도주를 준비하여 식당에 조별로 모여 앉은 다음, 본당 주임신부의 주례 하에 예절서에 따라 진행했다.

· 「성서 40주간」을 교재로 40주간 동안 신구약을 통독하고 강의하는 것이 어려워서 2년 4학기 과정으로 늘렸고, 매학기를 시작하며 개강미사를 봉헌하고 마칠 때는 종강미사를 봉헌하였다. 특히 종강미사 때에는 매번 〈성경퀴즈대회〉를 열어 그동안 배운 성경내용을 되새기는 시간을 가졌다. 한 학기 개근자를 시상했고, 일년 과정을 마치면 모든 참가자에게 선물을 주었다. 2년 과정을 마치기 전에 모든 참가자와 버스를 타고 가을단풍 졸업여행을 했다.

④ 효과

전 신자 대상으로 성경공부를 시행한 결과, 많은 신자들이 매주 화요일 저녁 시간을 성경공부 시간으로 인식하게 되었고, 특히 성경 말씀에 따라 살려는 사람들이 참 많았다. 이러한 성경공부를 바탕으로 본당에 새로운 봉사자가 늘어나고 본당활동이나 행사에 더 적극 참여하는 분위기가 되었다. 확실히 성경공부는 개인의 신앙을 고취시킬 뿐 아니라 본당 공동체 활성화에 큰 도움을 주는 가장 중요한 신자교육이다. 유의점은, 단순 강의식 성경공부는 별로 효과를 거두지 못하기 때문에, 다양한 미디어를 활용하여 참가자가 직접 참여하여 체험할 수 있는 장이 되게 하고, 다른 신자들과 신앙생활을 공유하고 새로운 것을 배우며 친교를 나누는 기회가 되도록 강의 후 조별 나눔이 필요하다. 또 성경퀴즈대회나 졸업여행 등 문화프로그램을 곁들여야 한다. 가장 중요한 요인은 본당 주임신부의 관심과 애정, 그리고 투신이다.

- 영성수련학교

① 목적

신자들은 신앙생활을 하는 동안 영적 메마름과 목마름을 자주 체험한다. 교회 밖에서 유사영성운동이 유행하면서 요가, 마음수련, 기체조, 단학, 템플스테이 등에 참여하여 영성을 회복하고 마음의 치유를 받는 신자들이 늘어나고 있다. 사실 가톨릭교회는 유구한 2천년 역사 안에 심오하고 다양한 영성의 보화를 지니고 있다. 이 영성을 현대적으로 재해석하여 맛본다면 신자들이 더 깊고 의미 있는 영성을 배양하여 하느님과 일치된 풍요로운 신앙생활을 할 것이다. 「영성수련학교」는 누구에게나 열린 강좌로서, 영적 메마름과 목마름을 경험하는 신자들에게 끊임없이 솟는 샘물과 같은 영성의 보고를 나누어 의미 있고 행복한 삶으로 이끌고자 한다.

② 과정

2015년부터 2016년 상반기까지 3학기 과정으로 진행한다.

년 수	대 상	내 용
첫해	수도영성	1학기: 가르멜의 묵상기도, 프란치스코 영성
		2학기: 이냐시오 영성
둘째 해	현대 영성가	토마스 머튼, 헨리 나웬, 안셀름 그륀, 도로시 데이, 샤를드 푸코, 마더 데레사, 콜베, 카타리나, 엔소니 드 멜로, 끼아라 루빅
막간 코스	영적 독서	영적 독서의 이해와 방법론, 독서사목의 이해와 실천

③ 효과

2년 과정이던 「바다의별 성경학교」 프로그램을 마친 후 바로 이어서 개설한 「영성수련학교」 프로그램은 신자들에게 지속적인 신앙교육으로 자리 잡아, 매주 화요일 저녁시간은 하느님을 위한 시간이 되었다. 성경말씀과 영성에 맛들인 본당신자들은 더 깊고 풍요로운 신앙생활로 신앙의 열매를 맺으며 서로 사랑하고 기쁨을 나누는 복음생활로 변화되었다. 흔히 신자들이 다양한 가톨릭 영성을 배우려면 해당 영성 관련 수도회들을 찾아다녀야 하고, 비싼 참가비를 지불해야 한다. 그런 면에서 본당에서 실시한 「영성수련학교」은 본당신자들이 본당이라는 편리한 장소에서 부담스럽지 않게, 여러 가톨릭 영성을 두루 체험하게 해준다.

새로운 본당 문화프로그램

• 불광문화제

① 목적

인간이 인간답게 살려면 빵과 장미가 동시에 필요하다. 빵이 인간 생존을 위한 것이라면 장미는 인간의 고귀하고 존엄한 정신과 가치를 상징한다. 사람들이 먹고 사는 문제에만 급급하다보면 삶의 의미를 놓치거나 인간성을 상실하게 된다. '배부른 돼지보다 배고픈 소크라테스가 낫다.'는 말처럼 물질의 충족보다 정신의 풍요로움이 더 중요하다는 이야기다. 「불광문화제」는 본당신자뿐 아니라 지역주민들이 예술문화축제에 참여하여 문화를 향유하고 공유하면서 기쁨과 즐거움을 나누는 데 의미가 있다. 또한 쉬는 교우들이 자연스레 본당에 나올 기회를 부여하고, 잠재적인 예비신자를 본당으로 인도하는 간접선교도 지향한다.

② 일시

매년 상반기와 하반기에 1회씩 실시한다. 가급적 본당행사(자선바자회, 본당의 날 등)와 결합하면 시너지 효과를 거둘 수 있다.

③ 프로그램

북 공연, 고전무용, 연극 〈8시에 만나!〉, 젬베 공연, 갈라콘서트, 본
당음악동호회 발표회 등.

④ 효과

「불광문화제」는 여러 종류의 예술 공연을 펼친다. 외부 공연단을
초대해서 다양한 예술을 체험하며 문화를 향유할 수 있다. 또 본당
음악동호회에 속한 기타, 오카리나, 우쿨레라, 색소폰 등 악기를 배
우고 습득하는 회원들이 모여 함께 발표회를 열어 자신들의 실력을
발휘할 기회를 가지게 되고, 음악동호회를 활성화시키는 계기를 마
련한다. 본당신자뿐 아니라 지역주민에게 개방된 문화 프로그램이기
때문에, 친교와 일치 공동체를 더욱 다지고 지역사회와 소통하는 데
일조하며 간접선교의 가능성도 열어놓고 있다.

불광문화제

• 영 시니어 아카데미

① 목적

불광동 성당은 노인사목으로 '은빛대학'을 오랫동안 운영해왔지만, 최근 참여자 대부분이 80대 어르신이고 65세~70대 중반 어르신들의 참여가 거의 없었다. 따라서 젊은 어르신(영 시니어)을 대상으로 「영 시니어 아카데미」를 개설하기로 하였다. 이 프로그램은 고령화 현실을 감안한 노인사목의 일환이며, 인문학 교육과 취미생활을 공유하고 나누어 행복한 노후를 보내는 데 도움을 주고자 한다.

② 프로그램

매년 상반기와 하반기 학기제로 4학기까지 실시하였다. 학기마다 매주 1회 평균 12주 과정 프로그램에서 강의와 두레활동을 진행하였으며, 50명 정도 참여하였다. 강의 주제와 내용은 주로 '인문학으로 만나는 가톨릭 영성'이었다. 문학, 철학, 심리학, 미술, 음악, 고전, 영화, 영성수련 등 인문학 공부와 영성에 관한 다양한 주제의 강의를 각 분야 전공자인 대학 교수에게 요청했다. 강의 후 두레활동으로 생활영어반, 스마트폰반, 사군자반, 탁구반, 드로잉반, 모듬북반 등을 운영하고, 각자 원하는 반을 선택하여 취미활동을 하도록 하였다.

2015년도 불광동 성당 영 시니어 아카데미(2기)

● 주 제 : 인문학과 함께 떠나는 '마음 여행'
● 기 간 : 2015년 3월 25일~7월 1일(매주 수요일) 오후 2시- 5시
● 내 용 : 인문학 강의와 두레활동
● 대 상 : 전 신자/수강료 50,000원
● 장 소 : 강당과 교실

회기	일시	강의 내용	강사
1	3월 25일	철학으로 떠나는 마음 여행(1)	김용해 신부
2	4월 1일	철학으로 떠나는 마음 여행(2)	
3	4월 8일	해설이 있는 '가톨릭미술여행'	박혜원 교수
4	4월 15일	내 마음이 만든 굴레 벗기 -불교와 도가사상의 마음 공부-	오지섭 교수
5	4월 22일	하느님이 주신 '참 마음' 되찾기 -유교의 마음 공부-	
6	4월 29일	해설이 있는 '성지순례'	정정란 교수
7	5월 6일	숨어 있는 마음의 심연을 찾아서 -지그문트 프로이트-	정진선 교수
8	5월 13일	마음의 원형을 찾아서 -카를 구스타프 융-	
9	5월 20일	MBTI로 풀어보는 나의 성격	수녀
10	5월 27일	온전한 삶으로의 여행 -파커 파머의 '마음 비추기'-	이현경 박사
11	6월 3일	노래로 떠나는 '가톨릭 음악 여행'	수사
12	6월 10일	'하느님의 마음, 보는 마음' -그리스도교의 마음 이해 1-	박문수 박사
13	6월 17일	'하느님을 뵈올 마음이 깨끗한 사람' -그리스도교의 마음 이해 2-	
14	6월 24일	해설이 있는 '영화 감상'	김민수 신부
15	7월 1일	수료미사	

③ 효과

본당의 젊은 어르신들인 영 시니어를 대상으로 마련한 인문학 강좌는 인생 후반기 살아가는 신자들에게 삶의 질을 높이고, 넓은 시야에서, 풍요로운 영성생활을 할 수 있도록 인도하는 데 많은 영향을 끼쳤다. 교회에서 인문학 강좌가 필요한 이유는 영성이 지성과 인성에 바탕을 두어야 하기 때문이다. 한편 두레활동은 참가자들의 높은 호응에 힘입어 각자의 취미생활로 정착되면서 삶의 질을 향상시키고 기쁘게 살아가도록 매우 큰 도움을 주었다.

- 견진교리교육

① 목적

필자가 개발한 견진교리교육 과정은 두 가지 목적을 지닌다. 하나는, 견진자의 신앙 성숙을 돕고 견진 후 본당 사도직을 적극 수행하게 하는 것이다. 다른 하나는, 견진교육이 일방적인 전달 방식의 강의가 아니라 참여와 체험을 통한 주도적인 공부시간이 되어 생생한 교육의 장이 되게 하는 것이다.

② 프로그램

견진교리교육은 「하느님과 함께 하는 삶」이라는 필자의 교재를 가지고 진행한다. 6주 과정으로 구성되며, 각 과정마다 강의 40분과 실천 50분으로 총 1시간 반이 걸린다. 강의는 주로 파워포인트를 사용하여 해당 내용을 간결하게 설명한다. 강의 후에는 조별 나눔을 하거나, 주제에 따른 체험을 실천해보기도 한다.

③ 효과

첫째, 강의시간을 줄이고 견진자들이 쉽게 이해할 수 있도록 파워
포인트로 교리 내용을 설명하기 때문에, 지루하지 않고 집중된 강의
를 할 수 있다. 둘째, 일방적 전달식 강의만이 아니라 실제로 실습하
고 체험하기 때문에 교리 내용이 기억에 오래 남는다. 예를 들면 다
음과 같다. 〈말씀의 삶〉에서는 그 자리에서 성경 일부를 필사하도록
하고, 말씀사탕을 나누어주어 옆 사람과 묵상 내용을 나누도록 한
다. 〈기도의 삶〉에서는 아침, 저녁 기도부터 묵주기도 등 여러 기도를
그 자리에서 직접 해보게 한다. 또 옆 사람과 함께 서로 기도하는 시

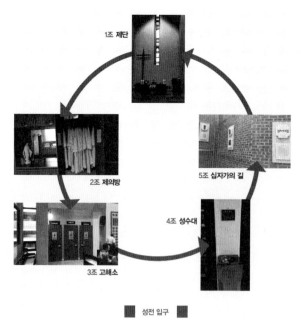

성전 탐방 프로그램

간을 갖거나 성체조배를 하게 한다. 〈전례의 삶〉에서는 '성전탐방 프로그램'(별첨 참조)을 실시하는데, 성전 안에서 성수대, 고백소, 제대, 제의방, 14처에 각 해설자를 세워 찾아오는 조원들에게 설명을 해준다. 제의방에 가서 제의를 만져보기도 하고, 제단에 올라가 제대 미사도구에 관한 설명을 듣는다. 〈은총의 삶〉에서는 조별로, 인생에서 언제 하느님의 은총을 체험했는지 서로 나누게 한다. 〈봉사의 삶〉에서는 어려운 이웃에게 봉사한 사람이 경험담을 들려주고, 빈첸시오회에 가입하도록 한다. 〈친교의 삶〉에서는 견진자들이 해당 본당구역 구역장과 함께 소공동체모임을 체험하여, 견진 후에도 꾸준히 참여하도록 유도한다. 또한 본당 단체를 소개하여 단체에 들어가 활동하도록 이끈다. 이러한 견진고리교육의 커리큘럼은 본당 활성화를 도모하는 데 기대 이상의 효과를 낸다.

• 사순 수첩

① 목적
'사순 수첩'은 예수님의 부활을 의미 있고 기쁘게 맞이할 수 있도록 사순시기 동안 수첩에 적힌 내용을 매일 실천하게 하는 안내서다. 대체로 신자들은 사순시기 동안 참회와 희생, 극기, 회개와 기도를 하며 부활 대축일을 준비한다. 그러나 바쁜 일상을 살다보면 신자로서 사순절에 실천할 것들을 제대로 하지 못하고 아쉬움을 남긴채 부활 대축일을 맞는 경우가 많다. 또한 사순시기를 더 의미 있게 보내고 싶지만 구체적으로 무엇을 어떻게 실천해야 하는지 알지 못

하는 경우도 있다. 사순시기의 신자들을 위한 여러 시도들 중 하나가, 사순시기 매일 묵상집 활용이다. 매년 사순절마다 여러 교회기관에서 묵상집을 만드는데, 본당자체에서 발행하는 예는 거의 드물다. 필자는 본당신자들이 사순시기를 잘 보낼 수 있도록 40일간 매일 복음말씀 묵상과 필사, 그날 실천사항을 내용으로 한 사순 수첩을 매년 발행해왔다.

② 사순 수첩 내용

사순 수첩은 사순시기 동안 매일 복음말씀의 묵상, 필사, 구체적 실천을 담은 소책자다. 그 자체로도 신자들에게 매우 의미 있는 묵상집이지만, 필자는 복음말씀 묵상과 구체적 실천을 본당사목과 연관시켜 제시한다. 매일 복음말씀 묵상은 본당에서 실시하는 '본당추천도서 읽기'와 연관시켜 이미 신자들과 읽은 추천도서 가운데 해당 내용을 발췌한다. 묵상집의 실천사항은 사순절에 전 신자와 함께 실천하는 캠페인(예로, 디지털 금식 캠페인이나 칭찬 캠페인)과 연계된 내용으로 구성한다.

사순 수첩 내용의 구성은 '말씀', '묵상', '묵상메모' '실천', '성경필사', '실천표'로 되어 있다. '말씀'은 매일 복음말씀 중 핵심 성경 구절을, '묵상'은 본당추천도서 중 매일 복음말씀과 관련된 내용을 책에서 뽑고, '묵상메모'는 매일 복음을 읽고 마음에 와 닿는 느낌이나 생각을 적게 하며, '실천'은 사순절에 할 수 있는 사항들, 특히 전 신자와 함께 하는 캠페인이 있다면 그 관련 활동을, '필사'는 매일 복음말씀을 직접 손으로 써보도록 하고, '실천표'는 매일 실천을 체크

하도록 제시한다.

③ 효과

첫째, 사순 수첩은 여러 색깔로 예쁘게 디자인되고 신자들이 가지고 다니기 편한 크기이며, 매우 저렴하게(권당 1천원) 구매할 수 있어서 거의 모든 신자들이 사용하면서 사순시기를 매우 뜻있게 보내게 된다. 둘째, 사순수첩 내용이 본당에서 전 신자들과 함께 실시하는 사목 프로그램과 밀접하게 연관되기 때문에 양쪽을 동시에 부각시키는 시너지 효과를 거둘 수 있다. 셋째, 신자들이 매일 복음을 필사할 기회를 준다. 사실 대부분 신자들은 성경필사를 하고 싶어도 바쁜 생활로 마음만 간절한 경우가 많다. 그러나 매일 복음말씀 필사는 긴 시간을 요하지 않고 짧은 시간 안에 가능하기 때문에, 누구나 쉽게 도전하여 성경쓰기를 해낸다. 특히 요즘 디지털 시대에 감성적인 아날로그적 손 글씨의 매력에 빠지는 사람들이 늘어, 성경필사에도 관심이 커지고 있다.

『사순수첩』 표지

나오며

　본당특화문화사목 프로그램은 그 본당만의 고유한 정체성을 이루게 해준다. 문화라는 낱말에는 물결이라는 낱말이 뒤따라오곤한다. '문화의 새 물결'처럼 말이다. 이는 동네의 작은 개울물이 모여 냇물이 되었다가 강과 바다가 되는 과정과 닮아 있다. 문화를 물결치게 하려면 새 바람을 일으킬 용기와 도전의식이 필요하다. 이미 굳어져버린 습관이나 양식에 변화를 가져오기 위한 가장 좋은 방법은 보고 듣기와 체험이다. 즉 무디어진 가슴을 움직일만한 감동이 필요하다. 그 감동을 일으키는 것이 바로 문화인 것이다. 문화는 딱딱한 돌멩이를 부드러운 생명체로 느끼게 하는 힘이 있다. 그 믿음으로 실행해오던 본당 사목에 문화의 옷을 입혀 물결치게 하면, 사람들은 그 흐름에 따라 마음을 움직일 것이다. 아주 천천히 깊은 내면세계까지 영향을 주어 신자들이 진심으로 받아들여 점차 습관이 될 것이며, 이는 본당공동체 전체에 새로운 변화를 가져올 것이다. 이것이 바로 본당특화문화사목의 힘이다.

주석

1장

1. 빅터 순더라쥐 엮음, 『교회 쇄신과 매스컴』, 김민수 옮김, 가톨릭출판사, 2005, 9쪽.
2. 정재영, "1인 가구 증가와 교회의 역할", 『목회와 신학』, 2016.11월호, 171쪽.
3. 상동, 173쪽 참조.
4. 방정배·한은경·박현순, 『한류와 문화 커뮤니케이션』, 커뮤니케이션북스, 2007, 16-20, 75-83쪽.
5. Vincent J. Miller, *Consuming Religion: Christian Faith and Practice in a Consumer Culture*, N.Y.: The Continuum International Publishing Group Inc., 2003, p.7.
7. 김진호, "'피로사회' 한국에 사도 바울이 필요하다!", 『프레시안 북』(2013.7.12).
8. 사회자본은 사회공동체 구성원 사이의 협조나 협동을 가능케 해주는 사회 네트워크나 규범, 신뢰를 말한다. http://terms.naver.com/entry.nhn?docId=1838339&cid=42044&categoryId=42044 참조.
9. Robert Wuthnow, *After Heaven: Spirituality in America since the 1950s*, Berkeley: University of California Press, 1998 참조.
11. 현대세계의 복음 선포에 관한 교황 권고 「복음의 기쁨」 (2014), 한국천주교주교회의, 71항 참조.
12. 상동, 73항 참조.
13. 상동, 74-75항 참조.
14. Patrick Granfield, "The Theology of the Church and Communication," *The Church and Communication*, Kansas City, Sheed & Ward, 1994, p.3 & 15 참조.
15. 김민수, "새로운 복음화는 문화의 복음화이다", 『새천년복음화연구소 논문집』 4권, 새천년복음화연구소, 2013, 13-53쪽 참조.
16. 김민수, 『디지털 시대의 문화 복음화와 문화사목』, 평사리, 2008, 252-270쪽.
17. 상동, 176쪽.
18. 상동, 229쪽.

2장

1. "영적 세속성은 신앙심의 외양 뒤에, 심지어 교회에 대한 사랑의 겉모습 뒤에 숨어서 주님의 영광이 아니라 인간적인 영광과 개인의 안녕을 추구하는 것입니다."(「복음의 기쁨」 (2014), 93항).
2. 김정용 신부, "복음과 세상없는 복음화 질주?", 『21세기 한국교회의 복음화 현실과

미래: 반성 및 대안』, 한국그리스도사상연구소-새천년복음화사도회 공동주최, 정동 프란치스코 교육회관 4층, (2010. 6.12).

3. 주교회의 매스컴위원회는 2010~2011년에 개최한 문화의 복음화 포럼에서 독서사목을 주제로 다루었고, 본당과 단체에서 독서사목 수행에 필요한 독서사목 협력자를 양성하기 위해 2014년 5월부터 '영성 독서지도사 양성 프로그램'(참조 http:// cafe.daum.net/reading-academy/)을 개최하여 운영하고 있다. 또한 작은도서관, 북카페, 다양한 독서모임을 운영하는 본당이 점차 늘어나고 있다.

4. '작은도서관'에 대해서는 최난경, "교회 밖 작은도서관 운동의 사례들," 『독서사목 - 책읽는 교회: 교회 안팎의 독서운동 진단』, 한국천주교주교회의 매스컴위원회 2009년 하반기 문화의 복음화 포럼(10.16.), 14-25쪽.

5. http://cafe.daum.net/starofsea

6. '아가책사랑 운동'은 2015년 2월부터 불광동 성당에서 시작된 '교회 북스타트 운동'이다. 이것은 하느님의 선물인 아가가 책으로 인생을 시작하고 신앙의 생활화로 부모와 자녀간의 사랑이 충만한 가정을 이루도록 교회가 제공하는 육아지원 프로그램이다. 교회는 유아세례를 받는 아가들에게 그림책을 선물한다. 아가와 부모가 함께 이야기하거나, 노래하고, 춤추며 웃음과 즐거움을 나누는 내용을 담고 있다. '아가책사랑 운동'은 정원에 꽃씨를 심어 가꾸듯 그림책을 매개로 하여, 부모가 아기를 사랑과 이성과 신앙으로 바르게 기를 수 있도록 안내하는 독서사목의 한 가지 방식이다.

7. 김민수, "한국교회, 독서사목의 현황과 전망," 한국가톨릭문화연구원 제30회 정기 심포지엄 자료 (정동 프란치스코 회관, 2010.6.26) 참조.

8. 이은주 수녀, "성경읽기를 통해 일상 안에서 길어 올리는 자기교육," 『독서교육과 교리교육: 책읽기를 통한 교리교육 사례』, 주교회의 매스컴위원회 문화의 복음화 포럼 (서울 명동 가톨릭회관 2층, 2010.6.11).

3장

1. 박은미, 이규명 옮김, 「영성으로 읽는 성경」 바바라 보우 저자, 성바오로, 2013, 34쪽.

4장

1. 이선민, "프란치스코 교황, '이 길 걷는 모든 이에게 축복이'", 「조선일보」 (2013.8.29).

2. Robert Wuthnow, After Heaven: Spirituality in America Since the 1950s, Berkeley, University of California Press, 1998 참조.

3. 김민수, 『디지털 시대의 문화복음화와 문화사목』, 평사리, 2008.
4. 임영선, "성지 순례 – 도장만 찍지 말고 신앙 선조들 믿음 마음에 새겨야", 「가톨릭 평화신문」(2015.9.13).
5. 박경희, "4개월 만에 전국 성지 111곳 순례한 70대 할머니들", 「가톨릭신문」 (2016.10.16) 참조.

5장

1. 고맥락 문화의 의사소통은 표현된 내용으로부터 상대방의 진의를 유추하는 단계를 중요시한다. 고맥락 문화권인 한국에서 의례적인 사양을 곧이곧대로 받아들였다간 낭패를 보기 십상이다. 상대방이 어떤 말을 하건, 눈치로 맥락을 읽어내고 그 사람의 뜻을 판단하는 것이 매우 중요하다.http://terms.naver.com/entry.nhn?docId=1846094&cid=43114&categoryId=43114 참조.
2. 박람회란 산업이나 학예 같은 문화 실태를 전시나 실연 등을 통해 일반인에게 알리는 전시회다.

6장

1. 교황 요한바오로 2세 회칙 「교회의 선교사명」(1991), 37항 참조.
2. 서영호, "성경, 매일미사 아이폰으로", 「평화신문」(2010.1.10.) 참조. http://www.pbc.co.kr/CMS/newspaper/view_body.php?cid=321794&path=201001
3. 굿뉴스 홈페이지 '굿뉴스모바일' http://help.catholic.or.kr/mobile/ 참조.
4. 스마트폰용 무료 통화 및 메신저 응용 프로그램이다.
5. 카카오가 개발한 모바일 메신저인 카카오톡과 연계된 SNS이다. 카카오톡 친구로 등록된 상대방을 그대로 가져올 수 있으며, 사진이나 메시지 등을 공유할 수 있다.
6. 모임을 위한 일종의 작은 홈페이지로써, 간편한 가입으로 친구들을 초대하고 모임을 만들어 사진첩, 채팅, 투표 등 다양한 서비스를 이용한다.
7. 사진 및 동영상을 공유할 수 있는 소셜미디어 플랫폼이다.
8. 박수정, '디지털시대 평화 매체,' "[창간27돌] 세 가지 직무로 본 평화신문 27년, 그리고 미래," 「평화신문」(2015.5.10) 참조.
9. 니콜라스 카, 『생각하지 않는 사람들』, 최지향 옮김, 청림출판사, 2015 참조.
10. 현대 세계의 복음 선포에 관한 교황 권고 「복음의 기쁨」(2014), 90항.

7장

1. 천주교 서울대교구 환경사목위원회 홈페이지, 본당환경사목 소개내용 발췌. http://

www.ecocatholic.org/Bondang/Introduction/Introduction?mid='mid1'&midNo='1'

2. 교황 프란치스코 회칙 「찬미받으소서」 (2015), 20-31항 참조.

3. 교황 요한 바오로 2세, 회칙 「백주년」 (1991), 58항.

4. 통합적 신앙생활은 개인 위주의 신앙과 개인 영성에 머물지 않고 사회적 실천과 사회적 영성과 조화를 이루며 실천하는 신앙생활을 말한다.

5. 「찬미받으소서」, 202-246항 참조.

6. 상동 참조.

7. 피로사회는 오늘날 자기착취로 인해 우울증 환자와 낙오자를 만들어내는 성과주의의 결과다. 한병철, 『피로사회』, 문학과지성사, 2012 참조.

8. 월터 브루그만, 『안식일은 저항이다』, 박규태 옮김, 복있는사람, 2016 참조.

9. http://blog.naver.com/aksenwlddj12?Redirect=Log&logNo=50184225830

8장

1. 김운용, "청중이 달라지고 있다", 『영상세대를 향해 이렇게 설교하라』, 주승중 편역, 예배와설교아카데미, 2004, 34쪽.

2. 이영숙 편저, 『디지털 시대의 종교: [www.internet.God]』, 한경PC라인(주), 2000, 5쪽.

3. 박양식, 『목회, 문화로 디자인하다』, 예영커뮤니케이션, 2013, 122쪽 참조.

4. UCC는 User Created Contents의 약자로 이용자 제작 콘텐츠를 뜻한다.

5. 『목회, 문화로 디자인하다』, 126쪽.

9장

1. 프란치스코 교황 방한 메시지, 「일어나 비추어라」 (2014.8.14.~18), 한국천주교주교회의, 26쪽.

2. 성 요한 크리소스토모, "나자로에 관한 강론" (De Lazaro concio), II, 6, PG 48,992D.

3. 윤석인, "재능나눔이란 무엇인가?", 『경향잡지』 (2011.8), 116쪽.

4. 상동, 116-117쪽 참조.

5. 노희성, "새로운 기부, 재능나눔- 재능나눔 누구나 할 수 있다", 『경향잡지』 (2011.8), 126-131쪽.

6. 상동, 131-133쪽; 이정훈, "서울 역촌동 본당, 지역사회와 이웃에 재능 나눔", 「평화신문」 (2012.3.25).

7. 가톨릭시니어 재능나눔학교, http://cafe.daum.net/c3atv 참조.

10장

1. 대량생산에 근거한 포디즘과 대조적으로 포스트포디즘은 다품종 소량생산, 상황 변화에 따른 유연한 생산체제를 말하며, 다양한 사회변화에 대응하여 탈 조직화, 탈규제화, 인간성 회복을 추구하는 사회, 경제, 행정적 운영방식을 통칭한다.http://blog.naver.com/xooworo? Redirect=Log&logNo=110143992406 참조.
2. http://www.cbck.or.kr/bbs/bbs_read.asp?board_id=k1300&bid=13007484&page=1&key=suject&keyword=피정&cat=
3. "[여름특집 착한여행 II] – 나를 찾아 떠나는 착한 여행 '피정'", 「가톨릭신문」 (2011.7.17).
4. http://www.cbck.or.kr/bbs/bbs_read.asp?board_id=k1300&bid=13007484&page=1&key=suject&keyword=피정&cat=
5. 김보록, "영적 독서", 『한국가톨릭대사전』 9, 한국교회사연구소, 2002, 6297-6298쪽.
6. 최근 의정부교구 소속 최대환 신부는 영적 독서 피정의 일종인 '인문학 피정'을 실시하여 문학, 철학, 음악, 연극, 영화 등 인간의 사상과 문화를 다루며 생각의 깊이를 키워주는 인문학 분야를 신앙의 눈으로 해설하여 청년들에게 유익함과 재미를 더해주고 있다.
7. 이지혜 기자, "책 한권, 그대 영혼의 마르지 않는 샘입니다", 「평화신문」 (2010.7.18).
8. 가톨릭신문 창간 80주년 기념 신자의식조사 보고서 『가톨릭 신자의 종교의식과 신앙생활』, 서울대교구 통합사목연구소, 가톨릭신문사, 2007.
9. 도정일, "고독한 성찰과 불안한 의심의 극장," 『책, 세상을 탐하다』, 평단, 2009, 103-111쪽 참조.
10. <의자놀이>는 별도로 준비한 의자에 앉아 책을 읽거나 낭독하는 시간이다. 피정 참가자들이 미리 선정된 책을 읽고 매우 감명 받고 잊을 수 없는 내용을 다른 참가자들에게 읽어주면서 나눈다. 이때 의자는 여러 가지 천으로 장식하여 특별하게 보이게 하고, 책 읽는 사람이 특별 의상을 입고 나온다면 더 바람직하며, 배경음악을 조용히 틀고 조명을 의자에만 고정시키는 것도 적합한 분위기를 만들어 줄 수 있다. 책을 읽고 싶은 사람은 누구나 책을 들고 나와서 감정을 이입하며 천천히 감동적으로 읽으면 된다. 책을 다 읽은 후에 왜 이 대목을 선택했는지 간단히 설명할 수 있다.

11장

1. 개발도상국 정부와 현지 주민들에게 한국의 발전경험을 전수하고 경제사회발전

을 지원하는 주요 무상원조사업의 하나로 외교통상부 산하기관인 한국국제협력단(KOICA)이 담당하는 해외봉사사업 프로그램으로, 1990년 최초 파견 이후 전 세계 60여개 개발도상국에 만여명이 파견되어 활동해왔다. 2009~2013년까지 연간 봉사단원 1천명을 교육, 보건의료, 정보통신, 행정제도, 농어촌개발, 산업에너지, 환경 분야 등 50여개 다양한 직종으로 파견하고 있다. http://terms.naver.com/entry.nhn?docId=2080695&cid=44547&categoryId=44547 참조.

2. 현재 한국에서 실시되는 청년해외봉사단 실태는 http://cafe.naver.com/dokkm/1039834 참조.

3. 프란치스코 교황 회칙, 「찬미받으소서」 (2015), 1항.

4. 현대 세계의 복음 선포에 관한 교황 권고, 「복음의 기쁨」 (2014), 52-60항 참조.

5. 남혁진, "스펙 뒤에 숨겨진 보물찾기", 고용노동부 네이버 블로그 (2014.6.5) 참조.

6. 박영호, "점점 확산되는 교회 내 청소년·청년 해외 봉사활동", 「가톨릭신문」 (2015.5.31) 참조.

7. 임영선, "서울대교구 청년해외봉사단, 필리핀 봉사활동", 「가톨릭신문」 (2016.2.7.) 참조.

12장

1. 새로운 사목패러다임에 대해서는 이 책 1장 앞부분에서 다룬 내용을 참조하라.